테러

Vita Activa 개념사 19

공진성 지음

책세상

차례

1장 | 테러란 무엇인가

1. 왜 테러인가 ——— 10
 안타깝지만 진부한 소식, 테러 · 10
 용산 참사는 철거민들의 도심 테러? · 11
 '테러리스트' 안중근 구하기 · 14
 무엇이 문제인가 · 18

2. 테러란 무엇인가 ——— 22
 테러의 어원적 의미 · 22
 테러의 작동 방식 · 23
 테러와 미디어 · 28

● — 깊이 읽기 | 형벌과 테러 · 32

2장 | 테러리즘과 정치

1. 공포를 이용한 지배와 저항 ——— 36
 로마 제국의 테러리즘 · 39
 《유대전쟁사》 속에 묘사된 십자가형 · 43

마키아벨리의 경고 · 49

테러리스트의 등장 · 51

2. 혁명과 테러리즘 ——— 56

프랑스 혁명과 로베스피에르의 '테러' 독재 · 58

러시아 혁명과 트로츠키의 테러리즘 · 64

정치적 의미 맥락의 충돌과 테러리즘 · 67

이데올로기와 테러 · 69

● — 깊이 읽기 | 암살과 테러 · 72

3장 | 테러리즘의 변화

1. 커뮤니케이션 환경의 변화 ——— 76

대중 매체의 등장과 발전 · 77

테러 메시지의 수신자 · 80

'새로운' 테러리즘과 구성되어야 할 제3자 · 84

2. 테러리즘의 탈정치적 자율화 ——— 86

게릴라 전쟁과 테러리즘 · 86

테러리즘의 국제화 · 89

종교적·근본주의적 국제 테러 조직의 등장 · 92

전쟁의 비대칭화와 테러리즘의 독립 · 98

전쟁의 도구와 장소의 전략적 재정의 · 100

3. 탈영웅적 사회와 영웅적 테러리스트 ——— 103

상인과 영웅 · 103

영웅적 도발, 탈영웅적 전투 · 105

죽음이 오히려 구원인 사람들 · 107

● — 깊이 읽기 | 테러와 경제 · 112

4장 | 테러리즘과 도덕

1. 테러리즘은 정당할 수 있나 ——— 116

변명의 문화 · 118

무고한 사람은 없다? · 120

그것은 정말 최후의 수단인가? · 124

그것은 정말 '약자'의 수단일까? · 126

결국 모든 정치는 테러리즘이다? · 129

2. 도덕적으로 테러리즘에 맞서 싸우기 ——— 132

국제적인 수준에서 정당하게 테러리즘에 맞서 싸우기 · 135

● ― 깊이 읽기 | 인도적 군사 개입의 도덕성 · 142

5장 | 오늘날 우리에게 무엇이 테러인가

미국 '제국'과 테러 · 146
'전도된 전체주의'와 공포 · 148
유동하는 공포, 가상의 공포 · 152
공포의 상호성과 테러 · 154
테러와 자유 · 157

개념의 연표―테러 · 160

# 1장

테러란 무엇인가

1

왜 테러인가

안타깝지만 진부한 소식, 테러

'테러'라는 이 책의 제목을 보고 사람들은 무엇을 먼저 떠올릴까? 서점에서 책 제목을 보고 선뜻 이 책을 집어 들게 될까? 추측컨대 대부분의 한국인에게 테러는 먼 나라에 사는 남의 이야기일 뿐만 아니라, 설령 그것이 우리와 간접적 관련이 있다고 하더라도 책까지 사서 읽고 싶을 만큼 흥미로운 소재는 결코 아닐 것 같다. 사이코패스(반사회적 성격 장애) 환자가 저지른 끔찍한 범죄가 간혹 언론 매체를 통해 대대적으로 보도되면 그에 관한 약간의 사회적 관심이 생기고 더불어 그에 관한 책도 나온다. 테러의 경우도 마찬가지로, 알 카이다 Al-Qaeda가 9·11 사태와 같은 대형 테러를 일으키고 그것이 대대적으로 보도되면, 그때에만 테러에 대한 사회적 관심이 증가한다. 그러나 더 정확히 말하면 테러는 평상시 우리의 관심 대상이 아닐 뿐만 아니라, 더 나아가

오사마 빈 라덴

알 카이다

'카이다'는 '기반' 또는 '두루마리'를 뜻하는 아랍어이다. 1979년 소련의 아프가니스탄 침공에 맞서 지하드(성전)가 조직되었을 때 빈 라덴은 파키스탄에서 전사들이 머무는 영빈관을 관리하고 있었다. 전사들에 대한 제대로 된 기록이 없어서 그들의 생존 여부를 묻는 가족들에게 제대로 답할 수 없는 상황에서 빈 라덴은 영빈관에 묵었던 전사들의 행적을 추적해 '카이다', 즉 반소 지하드에 참여한 전사들에 관한 기록을 남겼다. 10년 뒤에 빈 라덴은 자신의 군사 조직에 '카이다'라는 이름을 붙였는데, 그것은 과거 지하드에 참여한 전사들의 명단을 의미하면서 동시에 미래의 지하드를 위한 군사적 기반을 의미했다.

지극히 진부한 것이다.

    매일 뉴스에서는 해외 어딘가에서 폭탄 테러가 발생했다는 소식이 거의 빠지지 않고 보도된다. 미국이 그 사건에 조금이라도 더 직접적으로 연관되어 있으면 보도 내용이 조금 더 자세해지고 보도 시간이 조금 더 길어질 뿐, 그리고 그날그날의 사망자 수가 도로 위의 전광판에 표시된 '오늘의 교통사고 사망자' 수처럼 조금씩 달라질 뿐, 거의 모든 테러 소식은 마치 재방송처럼 비슷한 자료 화면을 배경으로 또 비슷한 내용으로 보도된다. 팔레스타인에서, 이라크에서, 아프가니스탄에서, 또는 예멘에서 이러저러한 테러 공격과 그에 대한 보복 공격이 이루어졌다는 보도가 피상적이라고 아쉬워하는 사람도 없다. 구체적인 내용과 맥락을 자세히 알고 싶지도 않지만, 그것을 안다고 그곳의 상황이 크게 달라질 것 같지 않기 때문이다. 그런데도 매일 밤 8시 혹은 9시가 되면 뉴스는, 마치 철학자 칸트가 산책한 일을 보도하듯이, 매일 똑같아 보이는 테러 소식들을 무미건조하게 전한다. 그래서 지구촌 곳곳에서 들려오는 각종 테러 소식은 참으로 안타까운 일이지만 미안하게도 우리에겐 너무 진부하다.

용산 참사는 철거민들의 도심 테러?

2009년 1월 20일 새벽, 대한민국의 수도 서울특별시의 한복판

어느 건물 옥상에서 몇몇 주민들과 경찰이 대치하고 있었다. 재개발될 건물의 철거를 강제 집행하려는 측에 맞서 일부 주민들은 전날부터 건물 옥상을 점거하고 있었다. 경찰은 이들을 강제로 해산하기 위해 크레인에 매달린 컨테이너를 타고 공중에서 옥상으로 접근했다. 어느 순간, 주민들이 농성하고 있던 옥상 위의 좁은 망루 안에서 아직 밝혀지지 않은 어떤 원인에 의해 커다란 불길이 솟아올랐고, 이전부터 그 망루에 쏟아진 엄청난 양의 물에도 불구하고, 불길은 결국 망루 안에서 농성을 벌이던 주민 다섯 명과 진압 작전에 투입된 경찰 특공대 한 명을 삼키고 말았다. 이른바 '용산 참사'라고 불리는 사건의 개요이다.

언제나 그렇듯이 좌파들이 이 사건의 사회 구조적 원인에 관심을 기울이는 사이에 우파들은 이 사건의 성격을 개인 수준의 문제로 규정하기 위해 골몰했다. 그리고 단 하루 만에 '도심 테러'라는 후보자를 찾아냈다. '테러 사건 예방 및 진압'을 임무로 삼고 있는 경찰 특공대가 투입되었기 때문에 사후적으로 이 사건을 '도심 테러'라고 규정하려고 한 것일까, 아니면 이 사건의 성격이 철거에 반대하는 일부 주민들에 의한 '도심 테러'로 규정될 것을 사전에 미리 알고 경찰 특공대를 투입한 것일까? 그 내막이야 알 수 없지만, 2001년 9월 11일 이후 점점 잊혀져가던, 그저 외신에서만 지루한 일상처럼 진부하게 언급되던 '테러'라는 단어가 이 사건과 함께 다시 한번 현재적인 것으로 나타났다.

'용산 참사'. 2009년 1월 20일 용산 4구역 철거 현장에서 일어난 화재 사건으로 철거 농성을 벌이던 철거민 5명과 경찰특공대 1명이 사망했다 ⓒ 민중의 소리

'용산 참사'가 일어난 후, 이 사건의 성격을 개인적 수준에서 규정하기 위해 골몰했던 우파들은 단 하루 만에 '도심 테러'라는 후보자를 찾아냈다. '테러 사건 예방 및 진압'을 임무로 삼고 있는 경찰 특공대가 투입되었기 때문에 사후적으로 이 사건을 '도심 테러'라고 규정하려고 한 것일까, 아니면 이 사건의 성격이 철거에 반대하는 일부 주민들에 의한 '도심 테러'로 규정될 것을 사전에 미리 알고 경찰 특공대를 투입한 것일까? 9·11 이후 점점 잊혀져가던 '테러'라는 단어가 이 사건과 함께 다시 한 번 현재적인 것으로 나타났다.

프레임

미국의 인지언어학자 조지 레이코프George Lakoff는 프레임을 "우리가 세상을 바라보는 방식을 형성하는 정신적 구조물"이라고 말한다. 이 구조물은 은유를 매개로 하여 언어적으로 형성되는데, 우리가 사실에 근거해 그 은유를 부정하더라도, 그 은유를 포함하는 정신적 구조물, 즉 프레임이 일단 형성되고 나면 그것에서 쉽게 벗어날 수 없다. 예를 들어 '세금 폭탄'이라는 표현은 세금이 많고 적음이라는 기준으로 이해하는 프레임 속의 은유이다. 세금을 전혀 다른 방식으로, 예컨대 자신과 동료 시민의 복리를 위한 투자로 이해하는 새로운 프레임을 짜지 못하고 단지 그 은유를 부정하는 것으로는 결코 이 프레임에서 벗어날 수 없다.

'테러리스트' 안중근 구하기

이토 히로부미

2009년 10월 26일은 안중근이 중국 하얼빈에서 일본인 이토 히로부미伊藤博文(1841~1909)를 저격한 지 100년이 되는 날이었다. 안중근의 거사 100주년을 기념하여 각종 행사들이 곳곳에서 개최되었고, 심지어 뮤지컬도 제작되어 공연되었다. 그리고 '안중근'이라는 검색어와 늘 함께 등장하는 그 질문이 마치 의례처럼 제기되었고 또 의례처럼 반박되었다. "안중근은 테러리스트인가?" 안중근을 테러와 연결하는 이 프레임은 그 질문에 부정적으로 대답하더라도 결코 사라지지 않는다. 도대체 이 프레임은 왜 생겨났을까?

안중근

전태일의 이름 뒤에 '열사烈士'라는 호칭이 붙듯이, 안중근의 이름 뒤에는 '의사義士'라는 호칭이 늘 따라붙는다. 심지어 국어사전에도 '의사'라는 단어의 용례로서 "우리나라 침략의 원흉을 사살한 안중근 의사"라는 표현이 올라 있을 정도이다. 그런 안중근을 테러와 연결시키는 것은 바로 이 자명한 사실에 의문을 제기하는 것처럼 보인다.

안중근이 '의사'라는 사실에 사람들이 의문을 품는 것이 단순히 불순한 일본인들의 악의적인 비방과 역사 왜곡 탓만은 아니다. 여기에는 분명히 개

정말 우리는 '내 편이 하면 의거, 남의 편이 하면 테러'라고 말하는 것일까? 혹시 그 이상의 판단 기준은 없는 것일까?

인의 인식 능력의 성숙이 어느 정도 관련되어 있다. 이익이 서로 충돌할 수 있고, 따라서 나에게 이롭고 좋은 것이 남에게는 해롭고 나쁜 것일 수도 있다는 상대주의적 인식을 대부분의 사람이 성장하면서 갖게 되기 때문이다. 그래서 사람들은 이렇게 말하곤 한다. "우리에게 독립투사인 사람이 그들에게는 테러리스트일 수 있다." 또는 "오늘의 테러리스트가 내일의 자유 투사가 될 수 있다." 물론 그 역도 마찬가지로 성립한다. 이러한 상대주의적 시각을 획득한 사람에게, 우리가 인터넷 게시판에서 흔히 보듯이, 어찌 감히 독립투사를 '테러리스트'라고 부르고 그의 의거를 '테러'라고 부르느냐고 꾸짖는 것은 헛될 뿐만 아니라 도리어 자신의 무지를 드러내는 일이기도 하다. 그렇다면 정말 우리는 '내가 하면 로맨스, 남이 하면 불륜'이라고 말하듯이 '내 편이 하면 의거, 남의 편이 하면 테러'라고 말하는 것일까? 혹시 그 이상의 판단 기준은 없는 것일까?

독립기념관장을 지낸 김삼웅은 사람들이 상대주의적 관점에서 안중근을 '테러리스트'라고 부르는 것에 반대한다. 그는 프랑스의 철학자 자크 엘륄Jacques Ellul의 개념을 원용해 다음과 같이 주장한다. "안중근 의사는 한국을 비롯한 동양 전체의 평화를 지키고 인민들을 자유롭게 하기 위해 침략 세력의 상징인 이토를 사살하는 '폭력'을 행사했다. 이를 두고 일본의 일각에서 암살자·테러리스트 운운하는 것은 폭력에 대한 인식 부족에서 기인한 것이다. 이토는 한국을 점령한 후 대륙 침략을 시도하면서 '동양 평화를 위해서'라는 명분을 내걸었는데, 이는 '속박하는 폭력'이다. 반면 안중근이 이토를 처단한 것은 '자유롭게 하는 폭력'이다."

'의거'와 '테러'를 입장에 따라 달리 해석할 수 있는 상대적인 것으로 보는 태도에 반대하여 김삼웅은 얼핏 객관적으로 보이는 '자유'라는 새로운 기준을 도입한다. 안중근의 의거가 테러일 수 없는 것은 단지 그가 우리 편이어서가 아니라, 그 행위가 객관적으로 '자유롭게 하는 폭력'이기 때문이라는 것이다. 마찬가지 이유로, 이토 히로부미의 행위를 '침략'이라고 비난하는 것 역시 단지 그가 내 편이 아니어서가 아니라, 그의 행위가 객관적으로 '속박하는 폭력'이기 때문이라는 것이다. 그러나 과연 이러한 설명으로 충분한가? '자유롭게 한다'는 말의 의미가 그 자체로 자명한가? 도대체 누구의 자유인가? 또 어떠한 자유인가? 뒤에서 살펴보겠지만, 이 질문은 프랑스 혁명과 러시아 혁명에서 혁명을 수호하기 위해 테러를 수단으로 사용한 로베스피에르 Maximilien Robespierre(1758~1794)와 트로츠키 Leon Trotski(1879~1940)에게도 제기될 수 있다. 따라서 간단히 '자유'라는 기준을 새로 도입하는 것만으로 안중근에게서 '테러리스트'라는 호칭을 쉽게 벗길 수 있을 것 같지는 않아 보인다.

또 어떤 이는 안중근이 대한의군 참모중장이었음을 근거로 삼

로베스피에르

만국공법

국제법의 옛 명칭이다. 1864년에 중국에서 활동하던 미국인 마틴W. A. P. Martin이 유럽의 국제법 이론가 휘튼H. Wheaton의 저서 《국제법 원리》를 《만국공법》으로 번역하면서 처음 사용되었다. 안중근이 만국공법에 호소한 것은 사대와 조공으로 특징지어지는 중국 중심의 질서 관념이 깨지고 주권 국가 단위의 평등한 국제 질서 관념이 동아시아에 들어섰음을 의미한다. 그러나 그 실상은 유럽 국가들의 제국주의적 팽창과 비유럽 국가들의 식민화였다.

아, 그를 한낱 테러리스트로 부르는 것에 반대하기도 한다. 전쟁터에서 군인이 적군을 총으로 쏘듯이 군인 안중근이 적장인 이토 히로부미를 쏜 것이며, 그 사실을 안중근 스스로 분명히 의식하고 있었다는 것이다. 안중근은 1910년 법정 최후 진술에서 다음과 같이 말했다. "내가 이토를 죽인 이유는 이토가 있으면 (이토가) 동양의 평화를 어지럽게 하고 한일 간이 멀어지기 때문에 한국의 의병 중장의 자격으로 죄인을 처단한 것이다……오늘날 인간은 모두 법에 따라 생활하고 있는데, 현실적으로 사람을 죽인 자가 벌을 받지 않고 살아남을 도리는 없는 것이다. 그렇다면 나는 어떤 법에 의해 처벌돼야 하는가의 문제가 남아 있는데, 이에 대해 나는 (내가) 한국의 의병이며 지금은 적군의 포로가 돼 있으니 당연히 만국공법에 의해 처리돼야 할 것이라고 생각한다." 그러나 만국공법, 즉 국제법은 전시가 아닌 때의 전투 행위 자체를 금지하고 있을 뿐만 아니라, 전쟁 중이라 하더라도 민간인에 대한 공격은 금지하고 있다. 이토는 1906년부터 1909년까지 조선의 초대 통감을 지냈고 사망 당시 일본 추밀원 의장이었다. 그는 어디까지나 군인이 아닌 민간인이었다. 전시의 정치인을 민간인으로 볼 수 없다고 생각할 수도 있겠다. 그러나 국제법은 전쟁 중이라도 적국의 정치인을 암살해서는 안 된다고 규정하고 있다. 왜냐하면 바로 그가 종전을 위한 협상의 상대이기 때문이다.

안중근의 행위를 일본 제국에 맞선 '독립 전쟁' 과정에서 일어난 일종의 전투 행위로 간주하는 시각에 따르면 상해 임시정부가 마련해준 자금으로 거사를 계획하고 폭탄을 투척한 윤봉길과 이봉창 역시, 비정규군이기는 하지만 일종의 특수 부대 소속 요원인 셈이며, 따라서 그들의 행위도 '테러'가 아니라 어디까지나 '전투 행위'이다. 그러나 그들이 민간인들 속에서, 즉 민간인들을 일종의 엄폐물로 삼아 적에게 접근해 공격했다는 점에서, 그것을 정당한 교전 행위로 볼 수는 없다. 식별 가능한 제복을 입지 않고 적을 공격하는 행위 역시 국제법은 금지하고 있다.

무엇이 문제인가

안중근 혹은 윤봉길이나 이봉창에게서 '테러리스트'라는 오명을 벗기고자 하는 시도들은 모두 그다지 성공적인 것처럼 보이지 않는다. 위의 시도들은 여전히 주관성에 따른 상대주의의 문제를 해결하지 못하고 있으며, 더 나아가 테러가 민간인뿐만 아니라 때로는 군인도 (물론 정당하지 않게) 사용하는 전술적 수단임을 간과하고 있다. 문제는 안중근 혹은 그 밖의 독립투사들을 악의에 찬 음해꾼들에게서 구출할 새로운 이론의 부재에 있지 않다. 문제는 오히려 안중근의 폭력 행위에 대한 도덕적 판단과 그가 추구한 목표에 대한 정치적 평가를 혼동하는 데에 있다. 이 도덕적 판단과 정치적 평가의 혼동 속에서 우리는 쉽게 모든 것을 정치적 범주로 환원하여 테러를 정당화하거나 반대로 모든 것을 도덕적 범주로 환원하여 테러리스트의 정치적 주장마저 평가 절하한다.

는 오늘날의 테러리스트에 대한 평가와 관련해서도 마찬가지로 지적될 수 있는 문제이다. 이와 같은 혼동 속에서 우리는 불필요하게 안중근, 김구, 이봉창, 윤봉길을 '테러리스트' 집단에서 구출해 '의사'의 자리에 앉히려 하고, 그들의 행위를 '테러'가 아닌 '의거'로 평가하며, 마치 종교 의례를 치르듯이 주기적으로 그 확신을 집단적으로 확인한다.

 이러한 도덕적 판단과 정치적 평가의 혼동 속에서 우리는 쉽게 모든 것을 정치적 범주로 환원하여 테러를 정당화하거나 반대로 모든 것을 도덕적 범주로 환원하여 테러리스트의 정치적 주장마저 평가 절하한다. 물론 도덕적 범주와 정치적 범주를 선을 긋듯이 분명하게 구분하기는 어렵다. 왜냐하면 정치적인 것과 도덕적인 것의 의미가 시간과 함께 변할 뿐만 아니라 서로 영향을 끼치기 때문이며, 특히 테러가 문제가 되는 정치적 상황이 매우 불안정하고 의미 맥락이 중첩되기 때문이다. 그러나 그렇다고 해서 이 두 가지 범주를 구분하여 평가하는 작업이 불가능한 것은 아니며 불필요한 것은 더욱 아니다. 다만 이 작업의 어려움을 부추기는 것은 테러를 사회과학적 개념으로 엄밀하게 사용하지 않고, '빨갱이'라는 단어의 용법처럼 상대방의 정치적 입장을 약하게 만들기 위한 의도로 무분별하게 사용하거나, 그렇게 사용된 표현을 무분별하게 유포하는 일들이다. 그래서 영국의 로이터 통신은 '테러리스트'라는 용어를 사용하지 않는다는

윤봉길(왼쪽)과 하마스 여성 전사(오른쪽)의 모습. 한 손에는 자신의 신념을 대변하는 문서가, 다른 한 손에는 그 신념을 실천하는 수단인 무기가 들려 있다. 적에 대한 공격을 앞두고서 자기희생의 각오와 정치적 요구 사항을 밝히는 것은 20세기의 저항적 테러리스트들에게 공통된 행동 패턴이었다

문제는 안중근 혹은 그 밖의 독립투사들을 악의에 찬 음해꾼들에게서 구출할 새로운 이론의 부재에 있는 것이 아니라 오히려 안중근의 폭력 행위에 대한 도덕적 판단과 그가 추구한 목표에 대한 정치적 평가를 혼동하는 데에 있다…… 우리는 불필요하게 안중근, 김구, 이봉창, 윤봉길을 '테러리스트' 집단에서 구출해 '의사'의 자리에 앉히려 하고, 그들의 행위를 '테러'가 아닌 '의거'로 평가하며, 마치 종교 의례를 치르듯이 주기적으로 그 확신을 집단적으로 확인한다.

원칙을 내부적으로 채택했다고 한다. '테러'라는 말 자체가 객관적이지 않고 지나치게 가치 편향적이며 부정적인 의미를 담고 있어서 모든 사람을 공평하게 취급한다는 통신사의 지침에 맞지 않다는 것이다. 그것은 저널리즘이 취할 수 있는 나름의 차선책일 수 있겠지만 사회과학에서는 그러한 소극적 선택 기피가 바람직해 보이지 않는다.

우리는 테러가 무엇인지를 명확하게 이해하지 못한 채, 그저 시각적 유사성에 근거해 어떤 형태의 폭력에 '테러'라는 딱지를 붙이고 그것을 우리와 무관한 일로 여기면서 안심하고, 그에 관한 진부한 보도를 보면서 마치 우리는 테러와 무관한 것처럼 착각하기도 한다. 그러나 테러는 그러한 가시적 폭력만을 의미하는 것도 아니며, 오늘날 흔히 얼굴을 가린 무슬림 전사로 표상되는 테러리스트들만의 전유물도 아니다. 그렇다면 테러는 과연 무엇일까? 지금부터 함께 차근차근 살펴보자.

2

테러란 무엇인가

테러의 어원적 의미

외래어 '테러'는 사전에 '공포'로 번역되어 있는데 우리는 대부분의 경우에 그냥 '테러'라고 말하고 쓴다. 외래어 표기에 어려움이 있는 중국어에서는 '테러'를 '공포恐怖'라고 의역하지만, 일본어에서는 영어 발음대로 '테러テロ'라고 한다. 또한 베트남과 그리스, 그 밖의 몇몇 나라의 언어를 제외한 대부분의 언어에서 '테러' 혹은 그와 유사한 발음이 사용된다.

이 현대어 '테러'는 라틴어 동사 '테레레terrere'에서 왔다. '테레레'는 타동사로서 누군가를 놀라게 하고 무섭게 하는, 그리고 위협하는 것을 의미한다. '테러terror'는 그 명사형이다. 중세의 라틴어 용례를 알 수 있게 해주는 라틴어 성서 《불가타Vulgata》에서 '테러'는 실존을 위협하는 우월한 힘에 자신이 내맡겨져 있음을 깨닫게 되는 순간 인간이 느끼는 깊은 감정적 동요를 뜻한다.

《불가타》에서 테러는 '두려움'을 의미하는 다른 라틴어 '티모르 timor'의 강조형으로도 사용된다. 그것은 단순한 두려움이나 공포를 뜻하지 않고, 히브리 성서 또는 (기독교 중심적 표현으로) '구약' 성서에 등장하는 진노하는 신 앞에서 피조물 인간이 느끼는 절대적 죽음의 공포를 의미한다. 그래서 〈욥기〉의 저자는 신에 대해 이렇게 말한다. "신에게 힘과 공포가 있다potestas et terror apud eum."

테러의 작동 방식

오늘날 우리가 사용하는 의미의 테러는 과거 라틴어 용법에서처럼 단순히 엄청난 공포만을 뜻하지 않는다. 테러는 공포를 만드는 기술이다. 테러는 물리적으로 누군가를 죽이고 무엇인가를 파괴하는 폭력에서 생겨나는 것이 아니라, 폭력을 다른 사람들에게 퍼뜨릴 의도를 통해 등장한다. 다시 말해, 다른 사람들에게 물리적으로가 아니라 심리적으로 영향을 끼칠 의도를 가지고 특정한 사물이나 사람에게 폭력을 사용하는 것을 일컫는다. 바로 여기에 다른 여러 형태의 폭력과 다른, 테러라는 폭력의 특별한 차이가 존재한다. [폭력이 무엇인지에 관해서는 필자의 전작《폭력》(책세상, 2009)을 참고하기 바란다.] 여기에서 테러에 대한 윤리적이고 도덕적인 판단은 잠시 접어두기로 하자. 그 문제에 관해서는 4장에서 자세히 살펴볼 것이다.

   테러는 다른 많은 사람들에게 심리적 영향을 끼치는 것을 목표로 하기 때문에 많은 사람들이 그것을 보고 듣고 느낄 수 있게 하는 극장과 같은 장소를 필요로 한다. 테러는 무대 위에서 상연되는, 세련되게 연출된 일종의 연극과 같다. 이 연극은 특이하게도 관객들을 놀라게 하는 연극이다. 관객 없이 이 연극은 성립하지 않는다. 주인공과 그의 적, 그리고 관객의 삼자 연대를 통해 테러라는 연극은 비로소 성립한다.

   이 연극을 관람하는 관객은 셋으로 나뉜다. 주인공과 자신을 동일시하는 관객, 주인공의 적과 자신을 동일시하는 관객, 그리고 어느 쪽에도 별 관심을 보이지 않는 관객. 테러는 이 세 부류의 관객 모두를 대상으로 메시지를 전달한다. 테러를 통해 주인공은 첫 번째 유형의 관객에게 자신의 힘을 과시하고 적이 죽거나 부상당할 수 있음을 보여줌으로써 계속해서 지지를 확보하려고 한다. 두 번째 유형의 관객에게는 테러의 다음 대상이 당신이 될 수도 있다는 협박성 경고의 메시지를 보낸다. 마지막으로 연극에 별 관심을 보이지 않는 관객에게 주인공은 시청각을 자극하는 화려한 테러를 통해 경종을 울린다. 딴짓하지 말고 무대 위의 연극에 집중하라고, 그리고 어느 편에 설 것인지 빨리 결정하라고.

   사실 이런 식의 테러는 조금만 주의를 기울이면 우리 주위에

독립군을 생포해 동료들 앞에서 처형하는 일본군

테러는 다른 사람들에게 심리적으로 영향을 끼칠 의도를 가지고 특정한 사물이나 사람에게 폭력을 사용하는 것을 일컫는다. 바로 여기에 다른 여러 형태의 폭력과 다른, 테러라는 폭력의 특별한 차이가 존재한다. 테러는 다른 많은 사람들에게 심리적 영향을 끼치는 것을 목표로 하기 때문에 많은 사람들이 그것을 보고 듣고 느낄 수 있게 하는 극장과 같은 장소를 필요로 한다. 테러는 무대 위에서 상연되는, 세련되게 연출된 일종의 연극과 같다.

서 쉽게 관찰할 수 있다. 지금은 더 이상 그렇지 않으리라 믿지만 과거 학교에서는 교사들이 곧잘 테러의 방법을 이용해 학생들을 통제했다. 예를 들면 이런 식이다.

  수업 시간을 알리는 종이 울린다. 학생들은 여전히 교실에서 뛰어다니며 시끄럽게 떠들고 있다. (물론 모범생들은 이 순간에도 열심히 공식 하나, 단어 하나를 머릿속에 집어넣는다.) 이때 교사가 문을 열고 들어온다. 학생들은 눈치 빠른 순서대로 하던 동작들을 멈추고 황급히 자기 자리로 돌아가서 앉는다. 바퀴벌레가 숨듯이 자리로 돌아가는 학생들의 모습을 본 교사는 순간 조금 흥분한다. 화가 난 것이다. 무질서함, 그것은 다른 한편으로 학생들이 자신을 우습게 보고 있음을 의미하기 때문이다. 그래서 고민한다. '어떻게 할까? 이렇게 물렁하게 보여서는 곤란해. 시끄럽게 떠들며 돌아다닌 학생이 단지 한두 명은 아니지만, 눈치 없게 마지막 순간까지 큰 동작으로 나대며 떠들다가 눈에 띈 학생 한두 명을 본보기 삼아 혼내줘야겠다'라고 교사는 작정한다. 굳이 따로 불러내거나 수업 후에 교무실로 오라고 하지 않기로 한다. (물론 학생실로 불러 '충분히 알아들을 수 있게' 혼내서 교실로 돌려보내는 것도 좋겠지만) 즉시, 동료 학생들이 지켜보는 가운데 몇몇 학생들을 이른바 '시범 케이스' 삼아 혼내는 것이 지금의 수업 분위기를 바로잡는 데에는 훨씬 더 효과적이기 때문이다. 학기 초라면 이러한 작업은 더없이 긴요하다. 죄목은 그다지 중요

정서의 모방을 통한 공포의 확산

사람을 바늘로 찌르면 뇌의 특정 영역에 있는 뉴런들이 활성화하여 통증을 회피하는데, 심지어 다른 사람을 바늘로 찌를 때에도 똑같은 반응을 나타낸다고 한다. 생리학자들은 이 뉴런을 '거울 뉴런'이라고 부른다. 강력한 감정 이입의 통로를 형성하는 이 뉴런은 '대리 외상' 현상을 설명해준다. 가족 등 우리가 동일시하는 누군가가 커다란 충격을 경험하면 같은 사건을 경험하지 않은 우리에게 그 사람의 감정이 고스란히 전달되는 현상이다. 사이코패스 환자는 공포를 공감하는 능력과 관련된 뇌의 이 부분에 이상이 있어서 타인의 고통을 자신의 것처럼 느끼지 못한다고 한다.

하지 않다. 어떻게든 대충 만들어낼 수 있고, 또 따지는 학생도 없다. 교사가 불운의 희생양 한두 명을 불러낸다. 그리고 그 학생들을 체벌한다. 이때 교사는 학생들이 이 광경을 잘 볼 수 있게 한다. 실제로 학생에게 고통을 가하는 것도 중요하지만, 맞을 때 소리가 요란하게 나도록 하는 것이 공포의 확산을 위해 필요하다. (간혹 과장된 몸짓으로 아픈 척하는 학생은, 이 논리를 이미 간파하고 공포가 충분히 시청각적으로 확산되었으니 이제 형식적인 희생양 제의를 그만 멈추어달라는 메시지를 교사에게 온몸으로 보내고 있는 것이다.) 뺨을 때리는 것도 좋은 방법이다. 학생에게 가해지는 고통의 크기와 무관하게 일단 소리가 요란하고, 맞는 학생도 몸을 크게 움직일 수밖에 없으며, 무엇보다도 벌겋게 부어오른 학생의 뺨이 수업 시간 내내 시각적으로 다른 학생들에게 경고의 '레드카드'로 작용하기 때문이다. "떠들다가는 너도 이 꼴이 될 수 있어." 본보기로 벌을 받은 학생이 다른 학생들의 긍정적 귀감이 아니라 부정적 귀감이 되는 것이다.

교사와 본보기로 벌을 받는 학생, 그리고 그것을 지켜보는 학생의 삼자 관계 속에서 교실 속의 '테러'가 작동한다. 여기에서 벌 받는 학생과 나머지 학생 사이에 모종의 유사성이 존재해야 한다. 벌 받는 학생이 나머지 학생들을 상징적으로 대표하지 않는다면 정서의 모방을 통한 공포의 확산이 잘 일어나지 않기 때문이다. 그래서 영리한 교사는 선택의 무작위성을 과시하기 위해, 즉 안전한 사람은 없다는 메시지를 전하기 위해 때로는 공부 잘하는 학생에게까지 예외 없이 본보기로 체벌을 가한다. 체벌 대상의 선택에 계획성이 없을 때에 공포는 더 커지고 더 쉽게 확산될 수 있다. 그렇게 폭력적인 사람으로 소문이 난 교사는 이제 다른 반 학생들에게도 공포의 대상이 된다. 그러나 그 공포가 다른 교사나 다른 학교 학생들에게까지는 전달되지 않는다. 본보기로 벌을 받는 학생과 다른 교사들 또는 다른 학교 학생들 사이의 유사성이, 그 학생과 다른 반 학생들 사이의 유사성보다 훨씬 적기 때문이다.

테러와 미디어

누군가에게 행사되는 폭력이 보는 이들에게 '상상으로' 전해져 그들을 공포로 사로잡을 때 비로소 테러는 작동한다. 그러기 위해서는 무대가 필요하다. 무대는 일종의 '매체'이다. 누군가에게 폭력이 행사되는 광경을 사람들이 볼 수 있으려면, 피해자가 지르는 비명 소리를 사람들이 들을 수 있으려면 빛이 필요하고 공기가 필요하다. 더 많은 사람들이 이 광경을 보고 들을 수 있으려면, 그래서 공포가 더 넓게 확산될 수 있으려면 더 발달한 매체가 필요하다. 무대 위의 조명이 꺼져 있으면, 그래서 사람들이 폭력의 모습을 볼 수 없고, 방음장치가 되어 있어서 파괴의 소리

누군가에게 폭력이 행사되는 광경을 사람들이 볼 수 있으려면, 피해자가 지르는 비명 소리를 사람들이 들을 수 있으려면 빛이 필요하고 공기가 필요하다. 더 많은 사람들이 이 광경을 보고 들을 수 있으려면, 그래서 공포가 더 넓게 확산될 수 있으려면 더 발달한 매체가 필요하다.

를 들을 수 없고, 카메라가 꺼져 있거나 전기가 공급되지 않아서 폭력 장면이 촬영될 수 없고 방송될 수 없다면 테러는 작동하지 않는다. 폭력이 상상으로 퍼져나갈 방법이 없고, 따라서 공포가 확산될 방법이 없기 때문이다. 미디어, 즉 매체는 공포가 확산되기 위한 필수 조건이다.

대중 매체의 등장과 발전은 공포의 확산 가능성을 획기적으로 키웠다. 발달한 대중 매체 덕분에 테러의 능력 역시 시공간적으로 확장된 것이다. 앞에서 언급한 일본의 정치인 이토 히로부미는 식민지 조선의 통감 시절 도쿄에서 행한 어느 연설에서 한국의 신문 기자들이 펜대 한 번 움직이는 것이 자신의 입에서 나온 수백 마디의 말보다 더 강력한 힘으로 한국인을 움직인다고 불쾌해하며 말한 적이 있다. 이는 당시 대중 매체의 힘을 간접적으로 증명해주는 예이다. 일제 강점기에 신문은 새로 등장한 대중 매체로서 그 어떤 것보다 강력한 힘을 발휘했다. 비록 신문의 발행 부수는 기껏해야 1천 부에서 최대 1만 3천 부 정도에 불과했지만, 당시의 상대적으로 높은 문맹률 탓에 직접 신문을 사서 읽는 사람의 수가 적었을 뿐, 전통적 구술 문화에 힘입어 신문은 사람들에게 그 무엇보다도 강력한 영향력을 발휘했다.

영화 〈라디오 데이즈〉(감독 하기호, 2007)가 재미있게 보여주

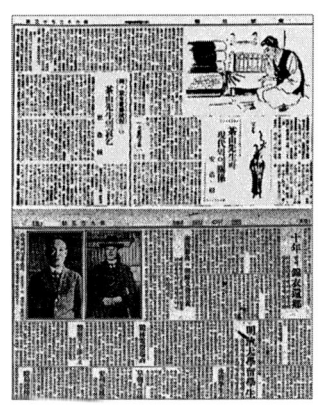

1938년(위)과 1923년(아래)의 《동아일보》 지면. 당시 신문은 학자들이 식민지 현실을 고민하고 대안을 모색하던 중요한 매개체였다

공포의 심리적 확산이라는 방식으로 작동하는 폭력을 우리는 '테러'라고 부른다. 그리고 이러한 테러가 정치적 목적을 위해 무고한 사람들을 향한 수단으로서 사용될 때, 우리는 그러한 폭력의 사용을 '테러리즘'이라고 부른다.

듯이, 라디오나 신문 같은 새로운 대중 매체들은 공간적으로 넓게 흩어져 있는 사람들을 동일한 정서적 공동체로 만드는 매우 중요한 역할을 했기 때문에, 그들을 '민족'이라는 하나의 정치적 단위로 만드는 데에도, 그들에게 저항의 신호를 알리는 데에도 이용되었고, 따라서 총독부의 검열과 탄압의 대상이 되었다. 이토 히로부미에 대한 안중근의 저격 사실도 그것이 만약 저격 현장에 있는 사람들에게 공포였다면, 그 사실을 시공간적으로 확산시킬 수 있는 대중 매체를 통해, 조선과 일본에 있는 사람들에게도 공포였을 것이다.

 지금까지 설명한 것과 같은 방식으로, 즉 공포의 심리적 확산이라는 방식으로 작동하는 폭력을 우리는 '테러'라고 부른다. 그리고 이러한 테러가 정치적 목적을 위해 무고한 사람들을 향한 수단으로서 사용될 때, 우리는 그러한 폭력의 사용을 '테러리즘'이라고 부른다. 일반적으로 아무런 정치적 목적 없이 사용되는 폭력, 즉 앞에서 언급한 교실 속의 폭력처럼 사사롭게 사람들 사이에서 행사되는 폭력을, 설령 그것이 타인의 공포를 유발하더라도, '테러리즘'이라고 부르지는 않는다. 테러리즘은 정치적 의지를 관철하기 위한 수단으로서 '테러'라는 특수한 형태의 폭력을 사용하는 것이다. 많은 사람들은 현대의 '새로운' 테러리즘이 과거와 같은 정치적 목적을 표방하지도 않고, 표방하는 경우에도 실제로 그 목적을 위한 수단으로 테러를 행사한다고 보기 어렵기 때문에, 그리고 '테러리즘'이라는 개념이 상대방의 정치적 정당성을 박탈하기 위한 수사로 변해버렸기 때문에, 오늘날 '테러'와 '테러리즘'을 구분하는 것이 무의미하다고 말한다. 그러나 폭력 사용의 특수한 방식인 '테러'와 정치적 목적의 관철을 위한 수단으로서 동원되는 '테러리즘'을 구분하는 것이 불가능하고 불필요한 것은 아니다. 이때 중요한 것은 테러와 정치가 결합하는 방식을 이해하는 것이다. 이 방식의 변화와 함께 테러리즘의 형태와 의미도 달라진다. 이어지는 세 장에서는 '테러리즘'에 관하여, 즉 '테러'가 지배와 저항이라는 정치적 목적과 어떻게 결합했는지, 그 테러리즘이 정치적 목적의 변화와 함께 어떻게 변화했는지, 그리고 테러리즘을 (그것이 표방하는 정치적 목적과 무관하게) 도덕적으로 어떻게 평가할 수 있는지 살펴볼 것이다. 마지막으로 오늘날 우리에게 무엇이 테러이고 테러리즘인지를 생각해보면서 테러가 우리 삶 속에서 현재적으로, 결코 진부하지 않게 작동하고 있음을 살펴볼 것이다.

깊이 읽기

형벌과 테러

미성년자에 대한 성범죄가 증가하고 그에 대한 대중 매체의 보도가 늘어나자 처벌의 강도를 높여야 한다는 의견뿐만 아니라 처벌의 방식을 바꿔야 한다는 주장도 강력하게 제기되고 있다. 성범죄 전력이 있는 사람에게 전자 발찌를 채워 그 위치를 공개해야 한다거나 심지어 성욕을 느끼지 못하도록 화학적으로 거세해야 한다는 주장까지 나오고 있다. 그러나 과연 사람들은 무엇을 위해 그러한 형벌의 도입이나 강화를 주장하는 것일까?

형벌의 목적에 관한 가장 고전적인 입장은 그것을 보복vergeltung으로 이해하는 것이다. "눈에는 눈, 이에는 이"라는 말로 흔히 표현되는 탈리오 법칙lex talionis은 함무라비 법전과 히브리 성서에도 나오는 매우 오래된 입장이다. 형법 이론에서는 이러한 입장을 절대설이라고 부른다. 그것은 이 입장이 형벌의 사회적 작용, 즉 형벌이 범인과 일반인에게 끼칠 영향을 전혀 고려하지 않기 때문이다.

이와 달리 형벌의 목적을 범죄인의 교정emendatio이라고 보는 입장이 있는데, 이를 형법 이론에서는 특별예방이론이라고 부르고, 단순히 보복만을 목적으로 삼는 절대설과 대조하여 상대설이라고도 부른다. 이 이론에는 몇 가지 치명적인 결점이 있다. '교정'이라는 목적을 상정하면 이론적으로 형벌이 무한정, 즉 교정될 때까지 정당하게 부과될 수 있으며 또한 국가가 성인을 강제로 교정하려고 함으로써 인간의 기본권을 침해할 수 있다.

형벌의 목적이 특정 범죄자를 처벌하는 것이 아니라 형벌이라는 위협Abschreckung; deterritio을 통해 잠재적 범죄자의 범행을 예방하고 일반 국민들의 법에 대한 신뢰와 충성을 유지하는 데에 있다고 보는 입장도 있다. 이러한 입장을 일반예방이론이라고 부르는데, 이 경우 형벌은 국가에 의한 '테러'가 된다. 교실에서의 본보기용 체벌과 같은 것이다.

여기에서 테러 자체가 나쁜 것이라는 생각은 잠시 접어둘 필요가 있다. 테러는 그것에 대한 우리의 가치 판단과 무관하게 우리의 삶과 매우 밀접한 관계를 맺으며 작동하기 때문이다. 더 나아가 《감시와 처벌》에서 미셸 푸코Michel Foucault(1926~1984)가 지적한 것처럼 형벌의 목적에 관한 지식의 변화와 그에 따른 형벌 형태의 변화에는 늘 권력이 작용하고 있으며, 따라서 '테러'를 이용한 형벌에 대한 우리의 긍정적이거나 부정적인 판단 역시 그러한 지식-권력의 영향에서 그다지 자유롭지 않기 때문이다. '잔혹한' 신체형에서 '인간적인' 교정형으로 형벌의 형태가 바뀌는 것이나 교실에서 '반인권적' 체벌이 사라지고 '인권을 존중하는' 교육이 시행되는 것을 단순히 발전으로 여기기보다는 그 담론의 변화 속에서 권력이 어떻게 작동하는지를 이해하는 것이 필요하다.

2장

테러리즘과 정치

1

공포를 이용한 지배와 저항

마키아벨리

테러는 오래전부터 도덕적으로 올바른 수단은 아닐지라도 지배를 위한 효율적인 수단으로 간주되어왔다. 그 효율성을 누구보다도 분명하게 인식한 15세기 피렌체의 정치사상가 마키아벨리 Niccolo Machiavelli(1469~1527)는 《군주론Il Principe》 17장에서 군주에게 다음과 같이 권고했다. "현명한 군주는 신민들의 결속과 충성을 유지하기 위해서라면 잔인하다고 비난받는 것을 두려워해서는 안 됩니다. 지나치게 자비로워서 무질서를 방치하여 많은 사람을 죽게 하거나 약탈당하게 하는 군주보다 몇몇 사람을 시범적으로 처벌하여 기강을 바로잡는 군주가 실제로는 훨씬 더 자비로운 셈이기 때문입니다."

'정치적인' 자비로움(공적인 도덕)을 '개인적인' 자비로움(사적인 도덕)과 구분한 마키아벨리는 군주가 진정 신경 써야 할 부분이 '정치적인' 덕목으로서의 자비로움이며, 그것을 실제로 신민들에게 베풀기 위해서는 군주가 '공포'를 이용해 질서를 유지할

마키아벨리

르네상스 시대 이탈리아의 정치인이자 정치이론가인 마키아벨리는 군주의 통치술에 관한 저서 《군주론》에서 군주가 권력, 곧 정치 공동체를 유지하기 위해 전통적인 윤리관에 얽매이지 않고 때로는 신의 없이, 무자비하게, 비인도적으로, 종교적 계율도 무시하면서 행동할 수 있어야 한다고 주장했다. 그런 그의 주장을 오늘날 흔히 부정적인 의미에서 '마키아벨리즘'이라고 부르지만, 사실 그가 주장한 것은 '비도덕적 정치'가 아니라 '정치적 도덕'이었으며, 그가 관심을 기울인 것은 결과적이며 집단적인 성격을 띨 수밖에 없는 정치적 도덕의 물질적 토대였다.

수 있어야 한다고 주장한다. 그것을 그는 "몇몇 사람을 시범적으로 처벌하여 기강을 바로잡는" 방식이라고 설명한다. 이 방식은, 앞에서 묘사한 바와 같이, 사실 우리가 자라면서 학교에서 몸소 겪은 것이며 조직폭력배가 등장하는 영화에서 자주 볼 수 있는 광경이기도 하다. 한두 사람을 본보기 삼아 매섭게 혼냄으로써 다른 구성원들의 태도를 바로잡는 교사들이나 폭력배의 우두머리들 모두 알고 보면 마키아벨리스트인 것이다. 이렇게 마키아벨리는 질서라는 상위의 정치적 목적을 달성하기 위해 이 테러의 방법을 사용하라고 군주에게 권하고 있다.

공포를 이용한 지배가 비단 신민을 다스리는 군주에게만 권고된 것은 아니었다. 군대와 같은 조직을 지휘할 때에도 "몇몇 사람을 시범적으로 처벌하여 기강을 바로잡는" 것은 마키아벨리가 보기에 필수적인 요소였다. 마키아벨리는 군대를 통솔하는 지휘관이 '잔인하다는 평판'을 듣는 것을 꺼려서는 안 된다고 말한다. 마키아벨리는 카르타고의 장군 한니발Hannibal을 예로 들면서, 그가 수많은 종족들이 뒤섞인 대군을 거느리고 이역에서 싸웠지만 상황의 유리함이나 불리함에 상관없이 그의 군대에서 어떠한 분란도 일어나지 않은 것은 "부하들이 그를 항상 존경하고 두려워하도록 만든 그의 비인간적인 잔인함" 덕분이라고 해석한다.

1970년에 제작된 리처드 해리스Richard Harris 주연의 영화 〈풍운

올리버 크롬웰

엄격한 청교도이자 탁월한 군사 전략가였던 올리버 크롬웰은 자신이 만든 철기군을 모델로 삼아 조직된 신형군의 지휘관이 되어 내전에서 의회파를 승리로 이끌었으며, 이후 군대의 힘을 기반으로 하여 국왕과의 타협을 주장하는 세력을 누르고 의회를 장악했다. 내전 과정에서 외국 군대를 끌어들이려 한 국왕 찰스 1세를 반역죄로 처형한 후, 잉글랜드 공화국의 호국경Lord Protector이 되었다. 사후에 아들 리처드가 호국경의 자리를 이었지만, 1660년에 의회가 파리에서 망명 중이던 찰스 2세를 국왕으로 맞이하면서 결국 왕정이 복구되었다.

앤드루 고, 〈장기 의회를 해산시키는 크롬웰〉(1907)

아 크롬웰〉은 17세기 중엽 영국에서 발발한 내전 당시 왕에 맞선 의회군의 지휘관 올리버 크롬웰 Oliver Cromwell(1599~1658)이 병사들 사이에서 일어난 분란을 어떻게 처리하는지를 다음과 같이 묘사한다. 크롬웰이 국왕 찰스 1세를 여전히 협상 대상으로 인정하자 급진적 평등주의를 신봉하는 일부 병사들이 그에 대한 불신으로 반란을 선동한다. 이에 크롬웰은 부하 지휘관에게 선동자들 중 한 사람을 제비뽑기로 선택해 교수형에 처하라고 명령한다. 이와 같은 처벌은 선동자들을 모두 처벌하지 않은 점에서 응보나 교정을 목적으로 한 것이 아니라, 마키아벨리가 권고한 것과 같이, 기강을 바로잡기 위한 일종의 시범적 처벌이다. 처벌 대상자에게 범죄의 대가代價로서 폭력을 가하려는 것이거나 그의 행실을 바로잡기 위한 것이 아니라, 그 처벌을 지켜보는 사람들을 심리적으로 위협해 비슷한 죄를 짓지 못하도록 하기 위한 것이다. 어쩌면 마키아벨리가 군주나 군대의 지휘관에게 권한 것도 크롬웰의 방식과 같은 것이었을 것이다. 마땅히 처벌받아야 할 사람들을 '자비롭게' 사면함으로써 개인적으로 사랑을 받고 공적으로 질서를 무너뜨리는 것보다, 그들 가운데 일부를 '잔인하게' 처벌함으로써 (개인적으로 사랑은 못 받더라도) 공적으로 두려움의 대상이 되어 질서를 유지하는 편이 더 낫다는 조언이었을 것이다. 그러나 섣불리 잔인하게 굴어 무고한 피해자를 대량으로 만들어내는 것만은 피해야 한다. 그런 군주는 인민의 두려움의 대상이 되는 것을 넘어 증오의 대상마저 될 수 있기 때문이다.

로마 제국의 테러리즘

군대를 통솔하기 위한 수단으로 '비인간적 잔인함'을 매우 효율적으로 이용한 카르타고의 한니발 장군은 그러나 결국 포에니 전쟁에서 로마에 패배하고 만다. 카르타고가 기원전 146년에 최종적으로 무너졌을 때, 그 도시는 약탈과 방화로 폐허가 되었고, 사람의 거주가 금지되었다. 로마군은 심지어 그 땅에 소금을 파묻어 풀 한 포기도 자라지 못하도록 했다. 그것은 로마에 맞섰다가 정복당한 땅의 최후를 상징적으로 보여주기 위함이었다. 테러는, 병사들의 기강을 바로잡기 위해 잘못을 범한 병사 한두 명을 잔인하게 처벌할 때뿐만 아니라, 정복당한 땅을 일종의 본보기 삼아 황폐화할 때에도 활용되었다. 테러는, 티베리우스Tiberius(재위 14~37)나 칼리굴라Caligula(재위 37~41)와 같은 로마 제국의 황제들이 내부 정적의 기세를 꺾어 그들을 자신의 지배에 복종시키기 위해 사용한 수단이었을 뿐만 아니라, 또한 로마 제국이 식민지를 지배하기 위해 사용한 방식이기도 했다.

폴리비우스

폴리비우스는 그리스 귀족 가문의 자제로서 로마에 인질로 끌려갔다가, 그리스적 교양을 습득하는 것이 유행이던 당시에 로마 귀족 가문의 가정 교사가 되어 그들과 친분을 쌓았다. 아프리카에서 로마의 장군 소소 스키피오가 카르타고를 함락시키는 것을 지켜보고 이를 기록했다. 저서 《역사》에서 그는 상이한 정체들의 유형을 구분하면서 정체의 순환에 관한 이론을 전개했으며, 로마 공화정을 혼합 정체로 규정하고 거기에서 로마의 정치적 성공 비결을 찾았다.

로마 제국은 새로운 지역을 처음 정복했을 때 흔히 그 지역의 도시를 약탈하고 불사르고, 주민들을 죽이고 또 노예로 삼곤 했다. 정복당한 지역의 사람들이 제국의 요구 사항을 제대로 이행하지 않을 때에는 그들을 다시 정복해 철저히 파괴했다. 그러면서도 로마 제국은 그러한 잔인한 조치가 어디까지나 '제국의 안전'을 위한 것이라고 주장했다. 그렇게 파괴된 도시에 사람과 동물의 시체가 즐비한 끔찍한 광경을 보고 그리스 출신의 로마 역사가 폴리비우스Polybius(B. C. 203~B. C. 120년경)는 "그들이 이런 짓을 저지른 것은 공포를 주기 위한 것처럼 보인다"라고 기록했다. 이러한 잔혹한 정복 행위가 제국의 지배를 위한 공포의 활용이었음을 간파한 것이다. 그들의 과도한 폭력은 합리성을 상실한 결과가 아니라, 다른 도시들과 인접한 지역의 사람들에게 "공포를 주기 위한" 계산된 행위였던 것이다. 그것이 로마 제국의 방식이었다.

로마 제국이 피지배 지역의 사람들을 통제하기 위해 사용한 여러 방법 가운데 하나는 십자가형이었다. 십자가형은 로마 시대에 사용된 중요한 사형 방법 가운데 하나였는데, 여기에 바로 테러의 원리가 적용되어 있었다. 복음서들에 따르면, '유대인의 왕 나사렛 예수'가 이 십자가형으로 처형되었다. 후일 그리스도교를 공인한 콘스탄티누스 황제는 제국 내에서의 십자가형을 금지시켰고, 이후로 십자가는 끔찍한 죽음의 상징, 즉 공포의 상징

잔혹한 정복 행위는 합리성을 상실한 결과가 아니라, 다른 도시들과 인접한 지역의 사람들에게 "공포를 주기 위한" 계산된 행위였다. 그것이 바로 로마 제국의 방식이었다.

이 아닌 평화와 사랑의 상징이 되어, 오늘날 심지어 우리들의 목에 장신구로 걸리게까지 되었다. 하지만 그 전까지만 해도 십자가형은 로마에서는 물론이고 페르시아와 유대 왕국에서도 정치적 반대자들을 처형하는 방법으로 자주 사용되었다.

   십자가형은 대체로 다음과 같은 방식으로 이루어졌다. 유죄 판결을 받은 사람이 채찍이나 매로 얻어맞은 뒤 자신이 매어달릴 십자가의 가로대를 끌고 처형장으로 간다. 가로대를 다른 사람이 대신 지고 갈 수도 있다. 처형장에는 십자가의 세로 기둥이 이미 땅에 박혀 있다. 죄인은 거기에서 또는 그 전에 매질당할 때에 이미 발가벗겨진다. 발가벗은 죄인의 두 팔을 벌려 십자가 가로대에 꽁꽁 묶거나, 손바닥이 아닌 손목에 못을 박아 단단히 고정시킨다. 그런 다음에 가로대를 높이 들어 올려 세로 기둥에 대고, 지면에서 3미터 정도의 높이에 고정시킨다. 그 다음에 발을 세로 기둥에 꽁꽁 묶거나 못을 박아 고정시키며, 세로 기둥의 중간쯤 되는 높이에 선반 같은 가로대를 끼워 죄인의 몸을 밑에서 어느 정도 떠받치게 한다. 죄인의 머리 위에는 그의 이름과 죄목을 알리는 공고가 나붙는다. 대개 죄인은 극심한 피로로 기진맥진하여 죽거나 심장마비로 죽게 되는데, 쇠몽둥이로 죄인의 다리를 부수어 그 충격으로 죄인이 일찍 숨을 거두게 하는 경우도 있다. 시체는 보통 매장하지 않고 십자가에 계속 매달아 두고 짐승의 먹이가 되게 한다.

● ── 테러

히로니뮈스 보쉬, 〈십자가를 끌고 가는 예수〉(1492~1516)

로마 제국이 피지배 지역의 사람들을 통제하기 위해 사용한 여러 방법 가운데 하나는 십자가형이었다. 십자가형은 로마 시대에 사용된 중요한 사형 방법 가운데 하나였는데, 여기에 바로 테러의 원리가 적용되어 있었다. 복음서들에 따르면 '유대인의 왕 나사렛 예수'가 이 십자가형으로 처형되었다……십자가형은 로마에서는 물론이고 페르시아와 유대 왕국에서도 정치적 반대자들을 처형하는 방법으로 자주 사용되었다.

플라비우스 요세푸스

본명은 요세프 벤 마티아스Joseph ben Matthias이며 예루살렘의 제사장 가문에서 태어났고 바리새파에 속했다. 로마에 무력으로 저항하는 열심당의 노선에 동의하지 않았지만, 66년에 갈릴리 지역 저항군의 지휘관이 되었다가 로마군에게 생포되었다. 진압군의 사령관 베스파시아누스에게 끌려간 요세푸스는 베스파시아누스가 황제가 될 것이라고 예언했고, 68년에 네로가 죽고 이듬해에 실제로 베스파시아누스가 황제가 되면서 그의 신뢰를 얻어 자유인이 되었다. 평생 로마 황제의 후원을 받으면서 역사가로서 일생을 보냈다.

《유대전쟁사》 속에 묘사된 십자가형

십자가형은 로마 제국이 주로 정치적 반란자들을 처형할 때 사용한 방식이었다. 그래서 예수의 십자가 처형을 둘러싸고 그가 로마에 대한 무장 독립 투쟁을 주장한 열심당Zealot의 일원이었으리라는 추측이 제기되곤 한다. 열심당은 유대의 전통적인 당파, 즉 바리새파, 사두개파, 에세네파 다음의 네 번째 당파로서 이름 그대로 신을 위해 목숨을 걸고 '열심을 다하는' 자들이었다. 이들은 로마 제국의 지배에 타협하고 협력한 바리새파와 사두개파, 그리고 은둔적 공동체 생활에 몰두한 에세네파와 달리, 로마의 지배에 직접적인 저항을 일삼아서 유대인 내부의 지배 세력들과도 마찰을 빚었다.

예수의 생애를 그린 여러 영화 가운데 하나인 〈왕중왕〉(감독 니콜라스 레이, 1961)에서는 예수의 '평화주의' 노선과 대조되는 열심당의 무장 투쟁이 흥미롭게 묘사된다. 기원후 1세기 동안 이루어진 이들의 크고 작은 반란은 결국 로마군에 의해 예루살렘 성이 함락됨으로써 끝나고 마는데, 역사가 플라비우스 요세푸스Flavius Josephus는 《유대전쟁사De Bello Judaico》에서 제국의 지배에 저항하는 유대인들을 로마가 어떻게 진압했고 어떻게 처형했는지를 자세히 묘사했다.

퀸틸루스 바루스Quintilus Varus가 시리아 총독이었을 때의 일이다. 당시 유대 지방은 시리아에 속해 있었다. 바루스는 기원전 7년부터 기원전 4년까지 그곳의 총독으로 있었는데, 그의 재임 기간 중에 유대 지방에서 크고 작은 폭동이 자주 일어났다. 급기야 기원전 4년에 대대적으로 반란이 일어나자, 이를 진압하고 보복하기 위해 바루스는 예루살렘으로 진군했다. 바루스가 군대를 이끌고 나타나자 곧 유대인들은 흩어져버렸다. 예루살렘 주민들은 바루스를 환영하면서 자신들이 소요 사건과 아무런 관계가 없으며 다만 유월절 축제 기간이어서 어쩔 수 없이 지방 사람들을 받아들인 것이라고 변명하며 폭동의 책임을 면하려고 했다. 또 자신들이 반란을 일으킨 자들과 결탁해 로마인들을 포위한 것이 아니라, 오히려 자기들이 로마인들과 함께 포위당한 것이라고 주장했다. 바루스는 군대의 일부를 지방으로 출동시켜 소요를 주동한 자들을 체포하도록 했고, 많은 사람들이 붙잡혀왔다. 요세푸스에 따르면, "바루스는 반란에 참가한 정도가 미미한 자들을 투옥시키고 중죄를 지은 사람 약 2천 명을 십자가형에 처했다".(2권, 72~75)

    로마 제국이 제국의 지배 아래 있는 식민지에서의 반란을 잔혹하게 진압했지만, 저항은 결코 끊이지 않았다. 그렇게 반복적으로 일어나던 저항이 기원후 66년 여름에 대규모의 폭동으로 진화하자, 요세푸스에 따르면, 당시의 총독이자 결국 시리아의 마지막 총독이 된 플로루스Gessias Florus는 분노하여 병사들에게 '

부녀자와 아이들은 '무고함innocence'을 상징한다. 그리고 무고한 사람들에 대한 무작위의 폭력은 그저 두려움을 일으키는 테러가 아니라, 도덕적으로 결코 정당화할 수 없는 테러리즘이다.

상부도시'라고 불리는 곳(기원전 8세기 말경에 확장된 예루살렘 성의 일부분)을 약탈하고 눈에 띄는 자를 모두 죽이라고 명령했다. 그러자 "노략질에 혈안이 된 로마 병사들은 공격 명령을 받고 파견된 곳만이 아니라 모든 가옥 안으로 뛰어 들어가 주민들을 학살했다. 좁은 골목길로 도망친 사람들은 붙잡혀 살해당했다. 그리고 온갖 형태의 약탈 방법이 동원되었다. 체포된 많은 사람들이 플로루스 앞에 떼 지어 끌려가 채찍질을 당하고 십자가에서 처형되었다. 이 날 처형된 사람의 수는 부녀자와 아이들을 합하여 모두 약 3,600명이었으며 갓난아이들도 예외가 아니었다."(2권, 305~308) 부녀자와 아이들, 심지어 갓난아이들까지 십자가에 매달아 처형한 로마 군인들의 잔인함은 마키아벨리가 권고한 정치적 잔인함이 결코 아니었다. 부녀자와 아이들은 '무고함innocence'을 상징한다. 그리고 무고한 사람들에 대한 무작위의 폭력은 그저 두려움을 일으키는 테러가 아니라, 도덕적으로 결코 정당화할 수 없는 테러리즘이다.

로마 제국의 잔혹한 진압과 처형에도 유대인들은 결코 굴하지 않고 계속해서 항전했다. 기원후 70년, 후일 로마 제국의 열 번째 황제가 되는 티투스Titus(재위 79~81)는 황제인 아버지 베스파시아누스Vespasianus(재위 69~79)의 명령을 받고 유대인들의 봉기를 진압하기 위해 예루살렘 성을 공격했다. 당시 티투스를 수행한 요세푸스는 이 상황을 다음과 같이 묘사하고 있다. "티투스는 기병

니콜라스 푸생, 〈예루살렘 성전의 파괴〉
(1638~1639)

한 부대를 파견해 도시에서 계곡으로 먹을 것을 구하러 나오는 유대인들을 대비한 잠복 명령을 내렸다. 거기에는 약탈하여 저장해둔 것이 떨어지자 밖으로 나온 무장 저항군들도 몇몇 있었지만, 대부분은 가족들이 해를 당할까 두려워 탈출하는 것을 포기한 가난한 자들이었다. 그들이 만일 여자와 아이들을 데리고 함께 탈출한다 해도 [폭도로 변해 이탈자들을 처단하는] 저항군들의 눈에서 벗어날 희망은 없었다. 만일 그들을 놓아두고 떠난다면, 그들이 폭도들에게 처형되는 것을 생각하지 않을 수 없었

프란체스고 이이에츠,
〈예루살렘 성전의 파괴〉(1867)

다. 그러나 심각한 굶주림 때문에 사람들은 탈출을 감행했다. 하지만 들키지 않고 빠져나왔어도 이들은 로마군의 손에 잡힐 수밖에 없었다. 그들은 잡혔을 때 어쩔 수 없이 저항했지만, 반항을 한 뒤에 용서를 애원해봤자 이미 늦은 일이었다. 그들은 죽기 전까지 온갖 고문을 당하다가 결국 성벽과 마주한 곳에서 십자가에 매달려 죽었다. 500명 혹은 그 이상의 포로들이 매일 잡혔다는 것 때문에 티투스는 괴로운 감정을 억누를 수 없었지만, 강제로 잡혀온 자들을 석방하는 것이나 그렇게 많은 자들을 감

● ── 테러

옥에 가두어 감시하는 것도 안전한 일이 아니라고 생각했다. 그러나 사실 그가 십자가형을 금하지 않은 이유는 다른 데 있었다. 그는 유대인들에게 저항을 포기하지 않으면 처형당한 사람들과 같은 운명에 처한다는 두려움을 주어 투항을 유도하려고 했던 것이다. 그러나 로마 병사들은 분노와 증오에 사로잡혀 포로들을 모욕하고 이들을 각각 다른 장소에서 다른 모양으로 십자가에 못을 박았다. 그러자 곧 십자가들이 설 자리도 몸을 매달 십자가도 부족해졌다. 그 정도로 포로의 수는 많았다. 그러나 저항군들은 이러한 끔찍한 광경을 보고도 마음을 바꿀 생각을 하지 않았다. 그들은 반대로 [잔혹한 십자가형이 오히려 저항 의지를 고취시켜줄 것이라고] 생각하여 나머지 유대인들 모두에게 그것을 보여주었다."(5권, 446~452)

앞 장에서 테러가 다른 폭력과 다른 점은 그 궁극적인 대상이 폭력의 직접적인 대상이 아니라 그것을 지켜보는 다른 사람이라는 데에 있다고 설명했다. 로마의 장군 티투스는 포로들을 단순히 아무 곳에서나 십자가에 매달아 죽인 것이 아니라, 성 안에서 버티며 저항하는 유대인들이 볼 수 있도록, 일부러 "성벽과 마주한 곳에서" 매달았으며, 이를 통해 그 장면을 보는 사람들에게 조속히 투항하지 않으면 "같은 운명에 처한다는 두려움을 주"려고 했다. 즉 테러의 전술을 사용한 것이다. 그러나 신기하게도, 요세푸스의 서술에 의하면, 예루살렘 성에 남아 있던 저항 테러의 사용이 그 자체로 테러의 성공으로 이어지는 것은 아니다. 특히 '무고한' 사람들에 대한 테러는, 바로 그것이 '테러리즘'의 핵심인데, 정치적으로 반드시 실패할 수밖에 없다.

군들은 그 "끔찍한 광경을 보고도 마음을 바꿀 생각을 하지 않았다". 그들은 로마 군인들의 잔혹한 행태를 보면서 오히려 느슨해진 자신들의 저항 정신을 더 조였던 것이다. 이것은 테러의 사용이 그 자체로 테러의 성공으로 이어지는 것이 아님을 시사한다. 특히 '무고한' 사람들에 대한 테러는, 바로 그것이 '테러리즘'의 핵심인데, 정치적으로 반드시 실패할 수밖에 없다. (물론 '무고함' 자체가 정치적 투쟁의 대상이고 결과인 것도 사실이다.)

마키아벨리의 경고

지배를 위한 수단으로서 공포를 이용할 것을 권한 바 있는 마키아벨리는 앞에서 인용한 구절에 다음과 같은 말을 덧붙인다. "사랑을 느끼게 하는 것과 두려움을 느끼게 하는 것 중에서 어느 편이 더 나은가……제 견해는 사랑도 느끼게 하고 동시에 두려움도 느끼게 하는 것이 바람직하다는 것입니다. 그러나……굳이 둘 중에서 어느 하나를 포기해야 한다면 저는 사랑을 느끼게 하는 것보다는 두려움을 느끼게 하는 것이 훨씬 더 안전하다고 생각합니다……인간은 두려움을 불러일으키는 자보다 사랑을 베푸는 자를 해칠 때에 덜 주저합니다. 사랑이란 일종의 감사의 관계에 의해서 유지되는데, 인간은 악해서 자신의 이익을 취할 기회가 생기면 언제나 그 감사의 상호 관계를 팽개쳐버리기 때문입니다. 그러나 두려움은 항상 효과적인 처벌에 대한 공포로써 유지되므로 실패하는 경우가 결코 없습니다."

 이 구절은 오해를 불러일으키기 쉬운데, 여기에서 마키아벨리는 인간이 본질적으로 악하다고 주장하고 있는 것이 아니다. 다만 인간에게 악한 면과 선한 면이 있다면, 또는 인간이 악한 때와 선한 때가 있다면, 정치적으로 중요하게 여겨야 하는 것이 최대공약수에 해당하는 인간의 '악한 면'과 '악한 때'이므로, 군주가 언제나 '악한 인간'을 염두에 두고 정치적으로 행동해야 한다고 주장하는 것이다. 모든 사람이 선하고 사람이 늘 선하기만 하다면, 군주 역시 사람들에게 사랑을 얻기 위해 노력하는 것이 좋겠지만, 그렇지 않은 것이 현실이므로 군주는 사랑과 두려움 둘 다 얻을 수 없다면, 그래서 반드시 그 둘 중 하나를 포기해야 한다면, 사랑을 포기하고 두려움을 얻는 것이 정치적으로 군주 개인에게, 그리고 군주국이라는 상황에서 또한 국가에 안전을 가져다준다는 뜻이다. 그러므로 다시 원점으로 돌아가서, 최소한의 안전 장치인 군주에 대한 신민의 두려움을 확보하기 위해 군주는 '처벌에 대한 공포'를 적극적으로 활용해야 한다는 것이다. 여기에서 이야기가 끝난다면, 사실 마키아벨리는 레오 슈트라우스Leo Strauss의 표현처럼 그저 '악의 교사'에 불과할지도 모른다. 그러나 그는 결정적인 한 문장을 마지막에 덧붙임으로써 그가 진정 원한 것이 단순한 공포 통치가 아니었음을 보여준다.

최소 도덕, 최대 도덕

'최소 도덕'은 인간이 최소한 의무적으로 해야 하는 또는 해서는 안 되는 것을, '최대 도덕'은 의무 이상의 훌륭한 행위를 의미한다. 정치적으로도 동일하게 말할 수 있는데, 군주가 지켜야 할 '최소 도덕'이 신민의 안전과 평화라면, '최대 도덕'은 신민의 자유와 국가의 경제적·학문적 번영일 것이다.

"[그렇지만] 현명한 군주는 자신을 두려운 존재로 만들되, 비록 사랑을 받지는 못하더라도, 미움을 받는 일은 피해야 합니다." 군주가 사랑과 두려움을 양자택일의 문제로 간주하고 사랑받기를 포기한 채, 미련하게도 그저 '처벌에 대한 공포'만을 이용하여 질서를 유지하려고 하다가는 결국 신민의 미움을 받게 된다는 것이다. '공포'는 어디까지나 정치적 최소 도덕이지, 최대 도덕일 수 없기 때문이다. 그것을 최대 도덕으로 오해했다가는, 그래서 무고한 피해자의 수만을 늘렸다가는 도리어 신민의 미움을 받게 되고, 결국 애초에 의도했던 질서는커녕 더 큰 혼란을 가져올 수 있다는 경고인 것이다.

테러리스트의 등장

다시 로마 제국의 지배 아래에 있던 유대 지역으로 돌아가 보자. 테러를 이용한 로마의 식민지 지배는 로마를 단순한 두려움의 대상이 아닌 미움의 대상으로 만들었다. 그 결과, 각지에서는 끊임없이 반란이 일어났는데, 로마가 이 반란들마저 잔인한 방식으로 진압하자, 더 이상 대칭적인 방식으로 로마와 대결해서는 승산이 없음을 깨달은 일부 사람들이 일종의 전술적 혁신을 꾀하게 된다. 역사가 요세푸스는 기원후 50년대에 새롭게 등장한 이 무리들을 '시카리파'라고 부르면서 다음과 같이 묘사했다.

"나라는 좀처럼 조용해지지 않았다. 왜냐하면 예루살렘에 시카리파라는 새로운 강도단이 등장했기 때문이다. 그들은 환한 대낮에 도시 한가운데에서 살인을 일삼는 자들이었다. 특히 그들은 축제일에 무리 가운데 섞여 있다가 옷 속에 숨겨둔 칼로 상대방을 찔러 살해했다. 적이 쓰러지면 살인자들은 군중 사이로 숨어 들어가 무리의 일부인 것처럼 행세했다. 이런 뻔뻔한 행위가 도처에서 자행되었으므로 이들이 발각되기는 쉽지 않았다. 시카리파의 첫 번째 희생자는 대제사장 요나단이었다. 그 이후 거의 매일 많은 사람이 살해되었다. 그러나 그러한 살인 사건보다 더 심각한 것은 모든 사람이 시시때때로 전쟁 상황과 같은 불안과 죽음의 공포를 겪고 있었다는 사실이다. 사람들은 의심스러운 상대를 멀리서부터 경계했으며 심지어 친구라 하더라도 가까이 다가오면 조심했다. 이러한 의심과 각별한 주의에도 살해 음모자들이 워낙 재빠르게 행동하고 민첩하게 몸을 숨겼기 때문에 살해 사건은 계속해서 발생했다."(2권, 254~257)

라틴어로 '시카리이Sicarii', 그리스어로 '시카리오이Sicarioi'라고 하는 이들의 명칭은 몸에 지니고 다닌 짧고 구부러진 칼, '시카Sica'에서 유래했다. 이들은 이전에 출몰했던 많은 유대인 비적匪賊들, 오늘날의 표현으로 일종의 게릴라인 그들과 달리 시

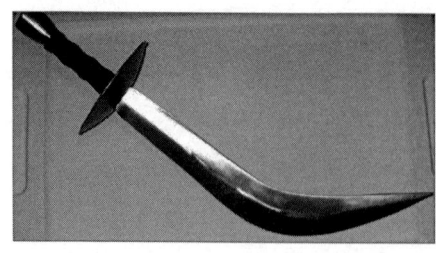

시카는 고대 로마에서 트라키아인 검투사가 사용하던 칼이다. 시카리파가 활동하던 시기에는 그림과 같이 칼끝이 45도 정도 구부러지고 양쪽에 날이 있는 시카가 사용되었다

골이 아닌 도심 한복판에서 활동했다. 그들은 오늘날의 테러리스트처럼 자신을 드러내지 않고 민간인들 사이에 숨어 있다가 표적에 접근해 품속에 숨겨둔 단검으로 요인을 암살했다. 이들은 인적이 드문 곳에서 암살하지 않고, 일부러 사람이 많은 곳에서, 예컨대 축제가 열리는 날 대로에서, 때로는 심지어 성전 안에서까지, 무수히 많은 사람들 사이에 섞여서 암살을 자행했다. 그것은 한편으로 암살 대상에게 접근할 때와 달아날 때 자신이 드러나지 않도록 하기 위한 것이었고, 다른 한편으로, 대중 매체가 아직 존재하지 않은 시절이었기 때문에, 살해된 모습을 가능한 한 많은 사람들이 볼 수 있도록 하기 위한 것이었다. 사실, 사람들이 많이 모여 있는 곳에서 누군가가 칼에 찔려 쓰러지더라도, 사람들은 그것을 끔찍한 범죄로 인식하지 못할 수 있다. 범죄 영화에 흔히 나오듯이, 그럴 때 누군가가 옆에서 비명을 질러주면 순식간에 공포가 주변으로 확산된다. 이들은 태연하게 군중 속에 자신을 숨기며 사라지기도 했지만, 때로는 소스라치게 놀라며 시각적으로 청각적으로 공포를 주위에 확산시켰다.

시카리파의 첫 희생자는 유대인 사회에서 종교적으로나 정치적으로 매우 상징적인 의미가 있는 대제사장이었다. 희생자 개인에게 폭력을 가하는 것은 사실 테러의 목적이 아니다. 그 폭력의 희생자를 통해 공포가 다른 사람들에게까지 확산되도록 하는 것이 테러의 진짜 목적이다. (9·11 테러의 대상이 미국의 군사 희생자 개인에게 폭력을 가하는 것은 사실 테러의 목적이 아니다. 그 폭력의 희생자를 통해 공포가 다른 사람들에게까지 확산되도록 하는 것이 테러의 진짜 목적이다.

력을 상징하는 펜타곤과 경제력을 상징하는 무역센터였듯이, 언제나 희생자는 대표성과 상징성을 지니는 인물로 신중하게 선택되어야 한다.) 그 이후로 하루에도 몇 명씩 그와 같은 상징성 있는 인물들이 비슷한 방식으로 살해되었다. 그들이 선택된 이유는 무엇이었을까? 로마군에 대한 자신들의 군사적 열세를 깨달은 시카리파는 로마 제국을 상대로 직접적인 공격을 가하는 대신 자기 민족 내의 이른바 친로마파 인사들, 즉 로마의 지배에 협조하고 유대 민족을 괴롭힌 종교적·정치적 귀족들을 공격했다. 일종의 반민족 행위자 처벌인 셈이다. 그들의 상징성 때문에 공포는 사람들 사이에서, 특히 특권층 사이에서 쉽게 확산되었다. 그리고 그 결과, 사람들은 서로 신뢰할 수 없게 되었고 자신의 안전을 확신할 수 없게 되었다.

테러리즘이 원하는 것은 바로 그러한 불신의 상태, 불안의 상태이다. 기존의 질서 혹은 과거의 질서가 더는 안전을 제공해줄 수 없다는 인식을 확산시키려고 한다. 그럼으로써 그 질서에 대한 사람들의 충성을 와해시키고, 새롭게 수립된 정치 질서에 복종케 하거나 새로운 정치 질서의 수립 기회를 엿본다. 로마 제국은 정복한 지역에서 반란자들에게 테러를 가하여 피지배민 일반에게 공포를 확산시킴으로써, 과거의 정치 질서가 더 이상 그들의 안전을 보장해줄 수 없다는 메시지를 전하고, 그렇게 함으로써 궁극적으로 사람들로 하여금 새로운 제국의 질서에 복종하게 했다. 강제로 부과된 제국의 질서에 맞선 유대인들은, 마찬가지로 테러를 이용하여 사람들 사이에 공포를 확산시킴으로써, 이 질서가 (자신들의 반란 때문에라도) 결코 안정적이지 않으며, 따라서 안전을 보장해주지 못한다는 메시지를 전하고, 그렇게 함으로써 과거의 정치 질서를 회복하거나 대안적인 정치 질서를 수립하려고 했다.

2

혁명과 테러리즘

17세기 유럽의 철학자 스피노자는 '공포의 상호성'을 다음과 같이 표현했다. "두려워하지 않는 대중은 공포가 된다terret vulgus nisi metuat." 과거에 두려움은 언제나 피지배자들의 것이었다. 지배자들은 이승과 저승에서의 처벌에 대한 공포를 이용해 피지배자들을 다스렸다. 공포의 방향은 언제나 일방적인 것처럼 보였다. 그런데 이 일방성에 변화가 생겼다. 물론 그것이 갑작스럽게 생긴 변화는 아니다. 공포에 굴복하지 않고 자유를 추구하는 것이 인간의 본성에 속함은 인류의 역사가 보여주고 있기 때문이다. 그러나 그것이 '대중적으로' 표현된 것은 분명히 새로운 현상이었고, 그런 의미에서 그것은 또한 매우 '근대적인' 현상이었다.

마르틴 루터

그것은 먼저 종교적인 형태로 나타났다. 독일에서 마르틴 루터Martin Luther(1483~1546)가 종교개혁을 일으켰을 때, 그는 그것이 농민들의 반란으로 이어질 것이라고 생각하지 못했다. 그러나 교황으로 상징되는 기존의 종교적 권위가 무너지자 지옥에서의

"두려워하지 않는 대중은 공포가 된다"

스피노자Benedictus de Spinoza(1632~1677)의 《에티카》(4부 정리 54 주석)에 나오는 이 말을 프랑스 철학자 에티엔 발리바르Etienne Balibar는 '대중의 공포', 즉 '대중이 느끼는 공포'와 '대중이 불러일으키는 공포'라는 '공포의 상호성'에 관한 표현으로 해석했다. 비이성적인 인간들이 두려워할 줄 모르는 상태에 있는 것을 매우 위험스럽게 여긴 스피노자는 그들이 겸손하게 경외할 줄 아는 것이, 비록 그것이 이성적인 능력은 아니지만, 차라리 공동체를 위해 낫다고 생각했다.

영원한 형벌에 대한 공포도 사라졌고, 종교적·세속적 지배자들에 대한 두려움도 사라졌으며, 지금까지 의심 없이 그들에게 바쳤던 복종도 함께 사라졌다. 두려움을 잃어버린 농민들은 귀족들의 두려움의 대상이 되었다. 루터는 농민들에게 종교적으로는 신 이외의 어느 누구도 두려워할 필요가 없으며 또 그래서도 안 되지만, 정치적으로는 신이 그들 위에 세운 세속 지배자를 두려워해야 한다고 가르쳤다. 그 두려움이 최소한 이 세상에서의 안녕Salus을 보장해준다고 생각했기 때문이다. 제네바의 종교개혁가 장 칼뱅Jean Calvin(1509~1564)은 심지어 그 두려움이 신을 정점으로 한 모든 윗사람에 대한 복종으로 이어져 궁극적으로 영혼의 구원Salus도 가져다줄 것이라고 가르쳤다.

장 칼뱅

구원을 향한 사람들의 열정은 현세에서의 죽음도 무릅쓰게 했다. 종교개혁 이후 유럽에서 일어난 대중적 종교 운동들은 순교도 마다하지 않는 그 뜨거움 때문에 지배자들의 두려움의 대상이 되었다. 이 종교 운동들은 16세기 이후 유럽에서 일어난 크고 작은 정치적 혁명들의 동력이었지만, 혁명이 실패로 또는 성공으로 끝나고 구체제가 복원되거나 새로운 지배 체제가 들어선 후에는 언제나 억압과 배제의 대상이 되었다. 지배자를 두려워하지 않는 대중은 그 자체로 공포였기 때문이다. 두려움을 상실한 대중의 힘을 다시 종교적 공포를 통해 통제하는 일에 협조하지 않는 종교는 국가와 공존할 수 없었다. 그렇게 해서 한때 루

제헌국민의회

1789년 6월, 새로운 헌법 제정을 요구하는 제3신분은 테니스 코트에서의 회합에서 프랑스에 새로운 헌법이 제정될 때까지 흩어지지 않기로 서약했다. 이에 국왕 루이 16세는 마지못해 굴복하여 삼부회의 다른 두 구성원인 성직자와 귀족들에게 제3신분과 함께 제헌국민의회Assemblée nationale constituante를 구성하라고 권유했다. 제헌국민의회는 혁명 과정에서 봉건제를 폐지하고 〈인권 선언〉을 채택했으며, 새로운 헌법을 제정한 후 1791년 9월 30일에 해소되었고, 입법의회로 이어졌다.

터에 의해 인간의 양심 속에 자리를 잡으면서 탈정치화했던 종교는 영토 국가 단위에서 다시 정치화했다.

프랑스 혁명과 로베스피에르의 '테러' 독재

공포의 상호성이 세속적 형태로 나타난 것은 프랑스 혁명에서였다. 1789년, 프랑스는 기존의 신분제적 정치 질서를 유지하려는 세력들과 새로운 공화적 질서를 수립하려는 세력들이 헌법 제정을 둘러싸고 대립하는 상황 속에 있었다. 이때 왕과 특권 계층이 지방에서 군대를 소집하여 제헌국민의회를 진압하려 한다는 소문이 퍼지자 처음에 대중은 '커다란 공포Grande Peur'에 사로잡히게 되었다. 그러나 대중의 공포는 이내 분노로 바뀌었고, 성난 대중은 1789년 7월 14일에 왕의 폭정을 상징하는 바스티유 감옥을 점거했다. 그러자 이제 왕과 귀족들이 공포를 느끼게 되었다. 분노한 농민들을 진정시키기 위해 국민의회는 혁신적인 조치들을 도입했다. 인간의 권리와 시민의 권리도 선언되었다. 구체제는 철폐되었고 새로운 체제가 수립되기 시작했다. 그러나 이 체제는 곧 안과 밖의 반혁명 세력의 위협에 직면했으며, 이윽고 1792년 4월, 혁명 세력과 반혁명 세력 간의 대립이 유럽 차원의 전쟁으로 비화했다.

내부와 외부의 반혁명 세력들과의 대결 속에서 혁명 세력 내

1789년 7월 14일 아침, 프랑스 혁명군은 부르봉 왕조의 전제적 지배를 상징하는 바스티유 감옥을 습격한다

의 온건주의자들이 설 자리는 좁아질 수밖에 없었다. 외부의 위기는 오히려 내부의 강경파의 입지를 강화해주었다. 반혁명 내란이 증대하는 가운데 국민공회는 공안위원회를 설치해 이른바 '테러'라고 불리는 조치들을 취했다. 안팎의 위기에 봉착한 혁명 정부가 '혁명을 지키기 위하여' 특별한 조치를 취하지 않을 수 없었던 것이다. '테러'라는 말이 본격적으로 정치적인 의미로 사용된 것은 바로 이때부터이다. 1793년 9월 5일부터 1794년 7월 27일까지 실시된 자코뱅파의 독재를 프랑스인들이 '테러la Terreur', 즉 보통 명사 공포가 아닌, 그 자체로 하나의 역사적 사건이라는 의미에서, 고유 명사 '공포'라고 부르면서부터이다.

단두대에서 처형되는
로베스피에르

　혁명 정부의 특별 조치는 거센 반발을 불러일으켰다. 그러나 그 저항은 다시 '공포 통치'로 봉쇄되었다. 이 '테러 통치' 아래서 적어도 30만 명의 용의자가 체포되었고, 이 가운데 1만 7천 명이 사형 선고를 받아 처형당했으며, 더 많은 사람들이 감옥에서 죽거나 재판도 받지 못하고 살해당했다. 반혁명 세력에 대한 처형이 실시된 파리 카루셀 광장의 단두대에는 다음과 같은 말이 새겨져 있었다고 한다. "귀족이여, 부유한 자여, 에고이스트여, 민중을 굶기는 자여, 여기에서 전율하라!"
　이 '혁명적 공포 통치'를 이끈 로베스피에르는 1794년 2월 5일, 국내 정책에 적용되어야 할 도덕적·정치적 원칙을 밝히는 연설에서 다음과 같이 주장했다. "평화의 시기에 인민정부를 움직

"평화의 시기에 인민정부를 움직이는 원동력이 덕이라면, 혁명의 시기에 그 원동력은 덕과 테러 모두입니다. 덕이 없는 테러는 파괴적이고 테러가 없는 덕은 무력합니다."

—로베스피에르

이는 원동력이 덕이라면, 혁명의 시기에 그 원동력은 덕과 테러 모두입니다. 덕이 없는 테러는 파괴적이고 테러가 없는 덕은 무력합니다. 테러는 신속하고 엄격하며 강직한 정의에 지나지 않습니다. 그러므로 테러는 덕의 발산입니다. 테러는 어떤 특별한 원칙이 아니라 우리 조국의 긴급한 필요에 따라 민주주의의 일반적 원칙이 적용된 결과입니다." 앞에서 인용한 마키아벨리의 말을 떠올리게 하는 이 구절에서 로베스피에르는 휴머니즘과 '공포'를 양자택일의 문제나 양립할 수 없는 것으로 생각하지 않는다. 그에게는 '혁명적 공포'가 오히려 평화이고 휴머니즘이다. "인류의 압제자들을 처벌하는 것이 자비로움이고, 그들을 용서하는 것이 [오히려] 잔혹함입니다. 폭군의 가혹함은 야만성을 그 원칙으로 삼지만, 공화 정부의 가혹함은 선행에 바탕을 둡니다." 그렇게 로베스피에르는 공화정의 '테러'를 폭군의 가혹함과 구별했다.

그러나 전쟁에서 프랑스가 승리하여 그동안 각종 사회적·경제적 제재를 정당화해주던 외부의 위협이 사라지자, 대중들은 더 이상 공포 통치를 지지하지 않게 되었다. 각종 제재를 주관하던 로베스피에르는 1794년 7월 27일 국민 공회에서 타도되었고, 다음날 단두대 위에서 처형되었다. 그 후 혁명 정부는 해체되었고, 프랑스의 서부와 남동부 지방에서는 구체제의 잔재인 왕당파의 '백색 테러'가 자행되기 시작했다. 그것을 '백색' 테

부르봉 왕조의 문장과 깃발

전쟁에서 프랑스가 승리하여 그동안 각종 사회적·경제적 제재를 정당화해주던 외부의 위협이 사라지자, 대중들은 더 이상 공포 통치를 지지하지 않게 되었다. '혁명적 공포 통치'를 이끌었던 로베스피에르는 단두대 위에서 처형되었다. 그 후 혁명 정부는 해체되었고, 프랑스의 서부와 남동부 지방에서는 구체제의 잔재인 왕당파의 '백색 테러'가 자행되기 시작했다. 왕당파는 파리를 장악하려고도 했지만, 그 시도는 1795년 10월 5일에 청년 장군 나폴레옹 보나파르트에 의해 진압되었다.

백색 테러

프랑스 혁명에 대한 반동으로 등장한 왕당파의 테러를 부르봉 왕조를 상징하는 색의 이름을 붙여 부른 것에서 유래한 '백색 테러'는 일반적으로 반혁명 세력의 테러, 그리고 오늘날 미국의 KKK단과 같은 인종주의적인 우파의 테러를 일컫는 이름으로 사용된다. 20세기 초반에는 사회주의자들의 '적색 테러'나 반혁명 세력의 '백색 테러'와 구분하여 러시아 무정부주의자들의 테러를 '흑색 테러'라고도 불렀다. 19세기 후반에 미국을 비롯한 서구 국가에서 점차 증가하는 중국인 이주민들과 20세기 중반까지 계속된 일본의 군사적 팽창에 대한 서구인들의 두려움과 혐오를 표현하는 '황색 테러'라는 말도 사용되었다.

러라고 부른 것은 흰색이 구체제, 즉 부르봉 왕조를 상징하는 색이기 때문이었다. 왕당파는 파리를 장악하려고도 했지만, 그 시도는 1795년 10월 5일에 청년 장군 나폴레옹 보나파르트Napoleon Bonaparte에 의해 진압되었다.

보수주의의 아버지로 잘 알려진 아일랜드의 정치가 에드먼드 버크Edmund Burke(1729~1797)는 1795년에 누군가에게 보내는 편지에서 '테러'라는 개념의 로베스피에르 식의 긍정적 사용을 뒤집으며 다음과 같이 말했다. "테러리스트라고 불리는 수천 마리의 지옥의 개들이 풀려나 사람들 사이를 활보하고 있다." 그런데 1757년에 이미 버크는 《숭고와 아름다움이라는 우리 관념의 기원에 대한 철학적 탐구A Philosophical Enquiry into the Origin of Our Ideas of the Sublime and Beautiful》(2부 2절)에서 '공포'에 대해 다음과 같이 설명했다. "두려움만큼 효과적으로 정신에게서 활동과 추론의 모든 능력을 빼앗는 감정은 없다. 두려움은 고통이나 죽음에 대한 염려이므로 실제 고통과 유사한 방식으로 작용한다. 따라서 우리가 어떤 대상을 보면서 무서움을 느낀다면 그 대상은 숭고하다……실제로 공포는 명시적이든 암묵적이든 모든 경우에 숭고의 지배적 원리이다." 비록 프랑스 혁명을 부정적으로 평가하긴 했지만, 그 과정에서 수단으로 사용된 '공포'가 심지어 숭고의 감정마저 유발할 수 있음을 버크는 이미 간파하고 있었던 것이다. 그 사용자를 심지어 미학적 숭배의 대상이 될 수 있게 하는

볼셰비키

1898년 민스크에서 창설된 러시아 사회민주노동당은 1900년대 초반에 두 개의 경쟁적인 분파로 나뉘었는데, 훈련된 직업 혁명가들이 당을 이끌어야 한다고 주장한 레닌과 그의 추종자들은 자신들을 '볼셰비키', 즉 다수파라고 불렀으며 상대방을 '멘셰비키', 즉 소수파라고 불렀다. 1917년 10월 혁명 이후에 공식적으로 정권을 장악한 볼셰비키는 혁명에 참여한 다른 집단과 권력을 나누어 가지지 않으려 했고, 마침내 경쟁 관계에 있는 모든 정치 조직을 탄압했다.

이 '공포'를 통치자들이 즐겨 사용하지 않는다면, 오히려 그것이 이상한 일일지도 모르겠다.

러시아 혁명과 트로츠키의 테러리즘

혁명과 반혁명의 정치는 백 년 뒤 러시아에서도 나타났다. 그리고 이 과정에서도 테러는 중요한 수단으로 등장했다. 제1차 세계대전 중에 일어난 러시아 혁명 역시 안과 밖의 위협 속에서 혁명을 수호하기 위해 '적색 테러'를 수단으로 사용하지 않을 수 없었다. 슬로베니아 출신 철학자 슬라보예 지젝Slavoj Zizek은 러시아 사회민주노동당의 다수파를 일컫는 볼셰비키Bolscheviki의 적색 테러가 무자비한 지배였다는 사실을 부정하지 않는다. 다만 그는 공개적이었던 그 테러가 훗날의 기만적인 스탈린주의 테러와 다르다는 것을 강조한다.

1919년에 독일 사회민주당의 카를 카우츠키Karl Kautsky(1854~1938)는 《테러리즘과 공산주의Terrorismus und Kommunismus》라는 책에서 러시아 혁명이 자행하고 있는 테러리즘을 비판하면서 이렇게 말했다. "혁명은 우리에게 사회주의 정부들이 행한 피범벅이의 테러리즘을 가져다준다." 카우츠키의 이러한 비판에 대해 러시아의 혁명가 레온 트로츠키는 바로 다음해에 볼셰비키의 테러리즘을 옹호하는, 카우츠키의 책과 동일한 제목의 책을 썼다. 이 책에서

카를 카우츠키

"혁명은 우리에게 사회주의 정부들이 행한 피범벅이의 테러리즘을 가져다준다."　　　　　　　　　　　　　　　　　　　　　　—카우츠키

"백색 테러는 프롤레타리아의 역사적 부상을 늦출 수 있을 뿐이지만 적색 테러는 부르주아의 몰락을 재촉한다."　　　　　　　—트로츠키

트로츠키는 프랑스 혁명과 러시아 혁명을 비교함으로써, 그리고 프랑스 혁명 과정에서 행해진 자코뱅파의 테러 통치가 정당한 것이었다고 전제함으로써, 볼셰비키의 적색 테러를 정당화하려고 한다. 그러나 더 정확히 말해서, 적색 테러를 정당화해주는 것은 역사를 적대적 계급 간의 투쟁으로 보는 유물론적 역사주의이다.

레온 트로츠키

　적색 테러의 정당성은 한편으로 부르주아 계급의 지배가 그 자체로 부당하다는 판단에서 나온다. 트로츠키는 혁명 계급의 국가 테러를 자기 목숨을 구하기 위해 살인범을 죽이는 것이나 억압받는 노예가 주인에게 맞서 반란을 일으키는 것에 비유한다. 그러나 다른 한편으로 그 정당성은 프롤레타리아 계급이 '역사적으로 부상하는 계급'이라는, 그래서 그 계급의 승리에 도덕적 정당성이 선험적으로 주어진다는 생각에서 나온다. 그래서 트로츠키는 다음과 같이 얘기한다. "백색 테러는 역사에 저항하는 반동 계급의 무기이다……적색 테러는 무너질 운명이면서도 사라지기를 바라지 않는 계급에게 쓰는 무기이다. 백색 테러는 프롤레타리아의 역사적 부상을 늦출 수 있을 뿐이지만 적색 테러는 부르주아의 몰락을 재촉한다." 계급 적대와 역사주의가 결합할 때, 계급 지배 자체가 사라지지 않는 한 무고한 지배 계급이란 없게 된다. 그리고 그 지배 계급에 대한 폭력은 정당한 것이 된다. 볼셰비키의 적색 테러는 역사의 흐름을 거스르려는 유고한 반동 계급의 백색 테러에 맞선 정당한 폭력이라는 것이다.

스탈린주의 독재

스탈린Joseph Stalin(1879~1953)은 레닌 사후 트로츠키나 부하린 같은 정적들을 차례로 제거하면서 권력을 장악했는데, 그 결과 1930년대 말에는 1917년 혁명에 가담한 볼셰비키가 거의 남지 않게 되었다. 스탈린은 또한 산업화를 위해 수백만 명의 사람들을 강제로 이주시켜 노동수용소(굴락)에 가두고 착취했다.

1953년에 그가 사망한 후 흐루시초프는 제20차 전당대회에서 공식적으로 스탈린 체제의 개인숭배와 테러리즘을 비판했으며, 그 체제를 소련의 사회주의 발전에 나타난 일시적 이탈이라고 선언했다.

스탈린과 그의 딸 스베틀라나 알릴루예바

분명 트로츠키는 볼셰비키가 테러를 사용하는 이유가 어디까지나 '적대 계급의 잔인하고 위험한 저항'과 '국제 정세'에 있다고 주장함으로써, 지젝의 해석처럼, 그것의 임시적 성격을 강조한다. 그러나 동시에 그는 그 임시적 수단을 역사주의적으로 정당화함으로써 그것이 언제든지 선험적인 역사의 전개 방향을 거스르는 이른바 '반동' 계급을 상대로 사용될 수 있는 길을 열어놓고 있다. 지젝은 트로츠키의 《테러리즘과 공산주의》에 붙인 서문에서 "폭력을 공개적으로 투명하게 행사하고, 폭력의 임시적 성격과 예외적 지위를 공개적으로 인정한 초기 볼셰비키 '독재'"와 "자기 부정과 기만에 의존하는 스탈린주의 독재"를 구분해야 한다고 주장함으로써 사회주의의 '검은' 역사에서 레닌과 트로츠키를 구원하려고 한다. 그러나 그 임시성은 누가 결정할 것이며 그 예외성은 누가 판단할 것인가? 그것은 언제든지 부여될 수 있고 또한 언제든지 철회될 수 있다. 그것을 판단해줄 초역사적 주체는 없다. 스탈린주의의 테러리즘과 트로츠키의 테러리즘은 결국 계급 내부를 향한 테러와 계급 외부를 향한 테러의 구분에 불과한 것이다.

정치적 의미 맥락의 충돌과 테러리즘

테러리즘이 등장하는 공간은 정치적 의미의 맥락이 중첩되어 서로 충돌하는 곳이다. 그곳은 하나의 국가일 수도 있고 제국적 공간일 수도 있다. 이 맥락의 충돌과 전이 과정에서 어떤 세력이 (그 세력이 지배적이거나 저항적이거나 간에) 무력으로 자신들의 정치적 의지를 강제하려고 할 때 테러리즘은 등장한다. 테러리즘은 어떠한 행위의 의미를 고정시키는 정치적 맥락이 혼란스러운 틈을 타고 그 의미론적 혼란을 이용하여 또는 의미론적 혼란을 일으키며 작동한다. 다시 말해, 테러리즘은 무고한 사람에 대한 부당한 폭력의 행사와 유고한 사람에 대한 정당한 공권력의 사용 간의 구분이 모호한 상황에서 등장하고, 또한 그러한 상황을 조장한다. 테러리즘이 이데올로기와 쉽게 결합하는 이유가 그것이다. 정치적 의미 맥락의 불안정을 악용하여, 그리고 이데올로기의 힘을 이용하여 테러리즘은 무고한 사람들에 대한 폭력의 무차별적 사용을 정당화한다. 정치적 의미 맥락이 충돌하는 곳에서는 '유고함'과 '무고함'의 의미가 확정적이지 않기 때문이다. 이러한 경합적 상황에서, 의미론적 혼란 속에서 정치적으로 우세한 세력은 정치적 의미 맥락을 고정시키기 위해, 정치적으로 열세한 세력은 그것을 흔들기 위해 모두 이른바 '유고한' 사람들을 대상으로 테러를 행사한다. 그리고 상대방이 사용한 폭력이

'무고한' 사람들을 대상으로 한 '테러리즘'이라고 폭로함으로써 그들에게서 정당성을 빼앗으려고 한다.

    정치적 의미 맥락의 불안정은 그런 의미에서 어느 세력에게나 반전의 기회가 될 수 있지만, 테러리즘의 사용, 즉 '무고한' 사람에 대한 테러는 오히려 자신들을 더욱더 대중으로부터 고립시키는 결과를 낳기도 한다. 대중들은 언제나 '유고함'과 '무고함'의 경계에 있기 때문이다. 폭력이 비록 소수를 대상으로 가해지더라도, 그로 인한 공포가 '무고한' 자들 사이에서 퍼져나간다면, 그것이 국가가 행한 것이든 다른 어느 집단이 행한 것이든 간에 또는 그 어떠한 고귀한 이상이 표방되건 간에 그 폭력은 정당성을 잃게 된다. 행여 국가나 어느 권력 집단이 그 직접적인 피해자들이 결코 무고한 자들이 아니라고 주장하더라도, 자신이 '무고하다'고 생각하는 사람들이 그 폭력으로 공포를 느낀다면, 즉 그 폭력의 직접적인 피해자와 자신을 동일시한다면, 그 폭력은 행여 적법하게 사용되었더라도 정당성을 잃게 된다. 그러나 20세기의 역사가 보여준 무서운 사실은 이데올로기가 사람들 간의 이러한 정서적 연계를 차단함으로써 공포의 확산마저 차단할 수 있다는 것이다.

20세기의 역사가 보여준 무서운 사실은 이데올로기가 사람들 간의 정서적 연계를 차단함으로써 공포의 확산마저 차단할 수 있다는 것이다.

이데올로기와 테러

인종주의에 근거한 독일의 국가사회주의는 독일인과 유대인 간의 정서적 연계를 이데올로기적으로 차단함으로써 유대인에게 가해지는 테러를 그저 '유고한' 자들에게 가해진 것으로, 따라서 '무고한' 자신들에게는 확산되지 않을 폭력으로 인식하게끔 했다. 마찬가지로 반공주의 이데올로기는 이른바 '자유주의자들'과 '뻘갱이들' 간의 정서적 연계를 차단해 정치적 반대자들에게 가해지는 국가의 테러를 시민들이 함께 공포로 느끼지 못하게 했다. 사회주의 혁명의 이데올로기도 이른바 '혁명 대중'과 '반혁명 세력' 간의, '역사적으로 떠오르는 계급'과 '반동 계급' 간의 정서적 연계를 차단함으로써 '혁명의 적'에게 가해지는 테러가 '무고한' 사람들에게 확산될 수 있음을 느끼지 못하게 했다.

독일의 신학자 마르틴 니묄러Martin Niemöller는 나치 시대에 사람들이 정서적으로 서로 분리되어 독일 내의 특정 인구 집단에게 가해지는 국가의 테러가 자신들에게까지 확산되지 않으리라 여기면서 간접적·수동적으로 그 테러를 지지한 결과를 다음과 같이 표현했다.

"나치가 공산주의자들을 체포했을 때 나는 침묵했다, 내가 공산주의자가 아니었으므로. 나치가 사민주의자들을 감금했을 때 나는 침묵했다, 내가 사민주의자가 아니었으므로. 나치가 노동

1945년, 영국군이 '수용소에서 일어난 일들을 전혀 몰랐다'고 하는 독일 주민 2천 명을 불러들여 수용소 내를 둘러보게 했다. 참혹한 광경에 독일인 대부분은 제대로 보지 못했다

인종주의에 근거한 독일의 국가사회주의는 독일인과 유대인 간의 정서적 연계를 이데올로기적으로 차단함으로써 유대인에게 가해지는 테러를 그저 '유고한' 자들에게 가해진 것으로, 따라서 '무고한' 자신들에게는 확산되지 않을 폭력으로 인식하게끔 했다.

조합원들을 체포했을 때 나는 침묵했다, 내가 노동조합원이 아니었으므로. 나치가 나를 체포했을 때, 나를 위해 싸워줄 사람은 아무도 남아 있지 않았다."

깊이 읽기

암살과 테러

1947년 7월 19일, 오후 1시가 조금 넘은 시간이었다. 여운형은 《독립신보》 주필 고경흠과 함께 승용차의 뒷좌석에 타고 있었고, 조수석에는 경호원 박승복이 타고 있었다. 차가 혜화동 로터리로 접근하고 있을 때, 혜화동 파출소 앞에 정거해 있던 트럭 한 대가 갑자기 엔진 소리를 크게 울리며 길 한가운데로 달려 나와 여운형의 승용차를 가로막았다. 강준식의 소설 《적과 동지》(한길사, 1993)는 이후의 장면을 다음과 같이 묘사한다. "그때 자동차의 뒷범퍼에 누가 올라타는 듯한 진동이 등으로 전해졌다. 고경흠이 고개를 돌리려는 순간, 두 발의 총성이 탕! 탕! 귓전에서 울렸다. 옆에 있던 여운형의 몸이 앞으로 풀썩 거꾸러졌다."

사건이 발생하기 20여 일 전, 미군정의 존 하지John R. Hodge 중장은 이승만에게 다음과 같은 경고 서한을 보냈다. "귀하의 정치 기구 상층부에서 나온 것으로 짐작되는 정보에 따르면, 귀하와 김구 씨는 공위 업무에 대한 항쟁 수단으로써 조속한 시기에 테러 행위를 책동한다고 들었습니다. 고발자들은 귀하의 이런 책동에 몇 건의 정치 암살도 포함되어 있다는 점을 거듭 알려왔습니다. 나는 조선 독립에 막대한 악영향을 끼칠 이 같은 행동에 대한 고발이 사실이 아니기를 바랍니다. 조선인의 애국심은 건설적인 방법을 통해 발현되어야 합니다. 나는 아름다운 조선에 유혈과 불행과 재앙을 의미하는, 그리고 조선이 아직 독립 준비를 갖추지 못했다는 사실을 세계에 드러내는 케케묵은 방법을 통해 애국심의 출구를 발견하지 않기를 바라는 바입니다." 이승만은 일부러 언론에 공개한 답신에서 자신의 무관함과 함께 테러를 행할 가능성은 오히려 좌파에게 있음을 주장했지만, 사람들은 그것이 경찰의 비호 아래 활동하던 우익 청년단과 관련된 것임을 알고 있었다.

암살은 테러의 한 가지 방법으로서 오랫동안 애용되어왔다. 1866년에 알프레드 노벨이 다이너마이트를 발명하기 전까지는 오늘날의 테러에서 볼 수 있는 것처럼 사람들을 무차별하게 대량으로 살상하는 것이 매우 어려웠다. 따라서 테러리스트는 원하는 테러 효과를 얻기 위해, 앞에서 시카리파에 관한 설명에서 언급했다시피, 상징성 있는 인물들을 암살하곤 했다.

'암살자'를 의미하는 영어 단어 '어새신assassin'은 11~13세기에 페르시아와 시리아, 그리고 당시에 십자군이 주둔하고 있던 팔레스타인 지역에서 활동한 이슬람 암살단의 이름 '핫샤쉰Hashshashin' 또는 '하쉬쉰Hashishin'에서 유래한 것으로 추정된다. 11세기 말에 조직된 이 암살단의 이름과 관련해서는 단순히 지도자 핫산 Hassan ibn al-Sabbah의 이름에서 비롯했다는 주장도 있고, 이들이 암살을 감행하기 전에 '하쉬쉬Hashish'를 섭취했기 때문에 붙여진 이름이라는 주장도 있다. 이들은 크게 시아파로 분류되는 급진적 이슬람 분파에 속했으며, 당시에 다수파였던 수니파 무슬림들과 기독교인들에 맞서 활동했다. 그들은 소수파인 시아파에서도 소수에 속하는 자신들의 군사적 열세를 비대칭적 전략으로 만회하기 위해 '암살' 이라는 방식을 사용했다. 그러나 그들이 반드시 암살만을 일삼은 것은 아니었다. 암살 대상자의 집에 잠입해 그가 자고 있을 때에 머리맡에 자객의 검을 두고 오는 방식으로 협박을 하기도 했다. 암살단 조직은 1256년에 몽골의 공격을 받아 그들의 본거지가 파괴되면서 해체되었다. 마르코 폴로와 십자군에 의해 그들의 존재와 활동이 (긍정적·부정적인 의미에서) 신비화되어 유럽에 전해지면서 '어새신'이라는 단어가 생겨났다고 한다.

3장

테러리즘의 변화

1

커뮤니케이션 환경의 변화

테러리즘은 단순한 폭력 행위가 아니라, 일종의 정치적 커뮤니케이션 행위이다. 다시 말해서, 테러리즘은 '테러'라는 형태의 폭력을 통하여 정치적 메시지를 누군가에게 전달하는 행위이다. 따라서 그 폭력 행위에 담긴 메시지, 즉 테러리스트의 '정치적 의지'가 무엇인지 확실히 알 수 없다면, 우리는 '테러'에 관해서는 말할 수 있어도, '테러리즘'에 관해서는 말할 수 없다. 오늘날 네트워크 형태로 활동하는 국제 테러 조직의 테러 행위를 '테러리즘'이라고 부르기 어려운 이유도 바로 여기에 있다. 그들이 어떠한 정치적 의지를 분명하게 표명하지도 않고, 그것이 무엇인지 우리가 확인하기도 어렵기 때문이다. (어쩌면 그것은 그들이 별다른 정치적 목적을 가지고 있지 않기 때문일 수도 있고, 현세에서 실현될 수 없는 '정치적' 목적, 그런 것을 정치적이라고 부를 수 있을지 모르겠지만, 아무튼 그런 목적을 가지고 있기 때문일 수도 있다.) 상위의 정치적 목적이 있고, 폭력이 어디까지나 그것을 이루기 위한 수

공포의 시각화·청각화

《감시와 처벌》에서 미셸 푸코는 국왕의 권력을 과시하기 위해 폭력적 처벌 광경을 공중에게 전시하던 관행이, 그러한 공포의 한계 효용이 체감하면서, 즉 그 잔혹함이 오히려 부작용을 일으키게 되면서 사라지고, 처벌이 점차 은밀하게, 그리고 내면적으로 '교정'이라는 관념 아래에서 이루어지기 시작했음을 보여준다.

단의 지위에 있을 때, 폭력 사용의 형태와 범위는 제한될 수 있으며, 그렇게 정치적 목적을 위해 의도적으로 사용 형태와 범위가 제한된 폭력을, 비록 여전히 부정적인 의미에서이긴 하지만, 우리는 '테러리즘'이라고 부른다. 20세기 중반 이후에 테러리즘은 (많은 비서구 독재 국가에서는 국가 행위자에 의해서도 사용되었지만) 주로 비국가 행위자들에 의해 사용되었다.

대중 매체의 등장과 발전

앞에서 여러 차례 강조한 바와 같이 테러리즘은 직접적으로 '물리적'인 효과를 일으키려고 하기보다는 간접적으로 '심리적인' 효과를 일으키려고 한다. 따라서 테러 행위자의 전략에서 중요한 것은 공격이 불러오는 물리적인 피해의 규모가 아니라 심리적인 피해의 규모이다. 파괴의 범위, 사상자의 수, 물자 공급의 중단 기간 등은 테러리즘의 전략에서 그 자체로 중요한 것이 아니다. 오히려 중요한 것은 그것들에서 파생되는 두려움과 공포이다. 이 과정에서 미디어, 곧 매체의 역할은 결정적이다. 전근대 사회에는 오늘날의 텔레비전이나 인터넷 같은 '방송broadcasting' 매체, 말 그대로 널리 전파할 수 있는 매체가 없었기 때문에 공포를 확산시키기 위해서는 사람들이 직접 폭력의 광경을 목격하고 체험할 수 있도록 해야 했다. 예컨대, 로마제국은 사람들의 눈에 잘 띄는 곳에 십자가를 세우고 거기에 죄인을 매달아 전시해 공포를 시각화하고 청각화했다. 마찬가지로, 테러의 방식으로 그에 저항한 시카리파 역시 의도적으로 사람들이 많이 모이는 때와 장소에서 암살을 감행함으로써 죽음의 공포가 직접적으로 사람들 사이에 퍼질 수 있게 했다. 그러나 대중 매체가 등장하고 발달하면서 그런 식의 직접적인 폭력의 전시는 더 이상 필요하지 않게 되었다. 매체를 통한 현실 인식이 비매개적인 직접적 현실 인식을 압도하면서 테러의 형태 또한 변한 것이다.

2001년 9월 11일에 발생한 테러는 이 점에서 하나의 획을 그은 사건이다. 그동안 폭력적이고 자극적이며 현실성 없이 과장된 것을 일컫는 수식어로 애용되던 '할리우드'라는 단어가 미국 국방성과 쌍둥이 빌딩에 대한 더 폭력적이고 자극적이며 더 비현실적으로 보이는 테러 공격의 극적인 성공으로 인해 오히려 현실성을 획득하게 되었다. 할리우드 영화와 테러의 경쟁에서 테러가 승리한 것이다. 영화적 연출보다 더 영화적인 스펙터클! 영화는 폭력적인 현실을 과장하여 모방했고, 현실은 다시 영화 속의 폭력적인 이미지를 모방했다. 현실에 의해 추월당한 가상 현실은 경쟁하듯이 더욱 폭력적으로 내닫게 될 것이다.

매체의 발달은 테러를 용이하게도 했지만, 동시에 그것을 식상하게도 만들었다. 무한 반복되고 복제되는 폭력의 이미지는 공포의 확산에 유용했지만, 사람들이 폭력에 무뎌지게 만드는

2001년 9월 11일, 항공기 납치 동시 다발 자살 테러로 뉴욕의 세계무역센터가 붕괴되는 모습(왼쪽)과 워싱턴의 국방부 청사가 공격당한 모습(오른쪽). 9·11 테러로 인해 90여 개국의 3,500여 명이 사망했다

매체의 발달은 테러를 용이하게도 했지만, 동시에 그것을 식상하게도 만들었다. 무한 반복되고 복제되는 폭력의 이미지는 공포의 확산에 유용했지만, 사람들이 폭력에 무뎌지게 만드는 결과도 가져왔다. 새로운 매체 환경 속에서 테러리스트는 도대체 사람들을 어떻게 놀라게 할 것인지 고민하지 않을 수 없다.

결과도 가져왔다. 새로운 매체 환경 속에서 테러리스트는 도대체 사람들을 어떻게 놀라게 할 것인지 고민하지 않을 수 없다.

테러 메시지의 수신자

테러 행위자가 전달하고자 하는 메시지는 전통적으로 두 부류의 수신자들을 향한다. 첫 번째 수신자는 테러의 직접적 대상과 연결된, 즉 그들과 어떤 특성을 공유한 집단이다. 이 집단에게 테러 행위자는, 앞에서 묘사한 것처럼, 그들이 더 이상 안전하지 않다는 메시지를 보낸다. 그들이 기존의 정치적 입장을 견지할 경우에 물질적 피해와 인명 손실이 추가로 뒤따를 것이라는 메시지를 전하는 것이다. 그리고 그들이 그 비용을 기꺼이 치를 준비가 되어 있는지 묻는다. 물론 그럴 준비가 되어 있지 않을 것이라고 간주하기 때문에 테러가 이루어진다. 이때 테러 공격의 대상이 된 국가가 자국의 이익을 본질적으로 손상시키지 않으면서 정치 노선을 변경할 수 있다면, 테러 행위는 애초에 목표한 바를 이룰 수도 있다. 그러나 그런 경우는 매우 드물다. 주권 국가가 그러한 테러 협박에 쉽게 응한다면, 설령 그 요구가 국가의 본질적 이익을 건드리지 않고 들어줄 수 있는 것이더라도, 이제 아무나 국가를 상대로 그러한 협박을 하게 될 것이고, 그렇게 되면 국가는 더 이상 '주권적', 즉 대내적으로 '최고'이고 대외적으

탈리반

페르시아어로 '학생들'이라는 뜻의 탈리반Taliban은 1994년 아프가니스탄의 남부 칸다하르에서 결성된 수니파 무장 이슬람 정치 조직으로서 1996년부터 2001년 미국의 침공으로 정권이 붕괴할 때까지 아프가니스탄을 지배했다. 10년 넘게 미군이 점령했고 새 정부도 들어섰지만, 여전히 탈리반은 아프가니스탄의 많은 지역에서 막강한 영향력을 행사하고 있다.

로 '독립적'일 수 없기 때문이다. 국가가 스스로 국가임을 포기할 수는 없는 일이다.

예컨대, 2007년 여름, 아프가니스탄에서 탈리반 세력이 한국인 스물세 명을 납치하고 한국군의 철수를 요구했을 때 어차피 미국과의 파병 협정이 그해 말로 종료되기 때문에 정부는 국가의 본질적 이익을 손상시키지 않으면서 큰 어려움 없이 철군 요구를 수용할 수 있었을 것이다. 그리고 실제로 그렇게 해야 한다는 주장들이 제기되었다. 그러나 테러를 이용한 무장 집단의 협박을 견디지 못하고 그들과 협상하게 되면 앞으로 국가 정책의 수행에 큰 어려움이 생길 수 있다며 테러 집단과의 협상을 원천적으로 거부해야 한다는 주장도 제기되었다. 자국민을 보호해야 하는 정부의 의무와 비정부 무장 단체와 협상하지 말아야 한다는 당위 사이에서 정부가 갈등을 겪게 되는 것이다. 그래서 대부분의 정부들은 '테러리스트와는 어떠한 협상도 하지 않는다'는 원칙을 적어도 공개적으로 표명하고 있으며, 실제로 드러나지 않게 물밑에서 테러 집단과 어떤 거래를 했더라도 결코 그 사실을 공개적으로 인정하지 않는다. 한국 정부 역시 아프가니스탄에서 풀려난 한국인 인질들의 몸값이 얼마였으며 그 돈을 누가

자이툰 부대의 이라크 파병 반대 집회(2004년) ⓒ 박종학

지불했는지 밝히지 않았다. 테러리스트와의 협상 자체를 공식적으로 인정할 수 없기 때문이다.

테러리스트는 정부가 자신들의 요구를 들어주지 않으리라는 것을 마땅히 예상해야 한다. 그리고 그 가능성이, 즉 그들의 요구가 직접적으로 관철되지 않을 가능성이 더 크다. 그렇다면 테러리스트는 도대체 왜 테러를 할까? 한국인을 납치해 죽인다고 해도 한국군이 아프가니스탄이나 이라크에서 철군하지는 않을 것임을 알면서 그들은 왜 납치하고 협박하는 것일까? 되든 안 되든 일단 한번 해보기 위해서? 그렇게 위험한 행동을 '일단 한번 해보려고' 하는 사람은 없을 것이다. 물론 테러 행위자 자신은 그 작전을 기획하는 '영리한' 사람들과 달리 순수하게 자신의 영웅적 행위의 결과로 외국 군대가 철수할 것이라고 믿을 수도 있다. 그러나 테러리스트 역시 우리와 같은 합리적 행위자라고 전제한다면 그들이 표면적으로 내거는 요구가 테러 행위의 유일한 메시지이고 그 요구가 전달되는 대상이 그 메시지의 유일한 수신자라고 보기는 어렵다. 오히려 그들이 전하는 숨은 메시지의 또 다른 수신자가 있다고 가정하는 것이 더 큰 설득력을 가질 것

불타는 탈리반 은신처

이다. 그렇다면 그 메시지의 수신자는 과연 누구일까? 그는 테러 행위자가 관심을 가지고 있는 제3자이다. 그들의 관심을 끌기 위해 테러리스트는 테러라는 특별한 형태의 폭력을 통해 메시지를 전달한다. 테러리스트는 자신들의 이익을 위해서가 아니라 바로 이들의 권리를 대변하기 위해서 싸우고 있다고 주장한다. 그런 의미에서 이 제3자는 테러 행위를 정당화하는 주요한 원천이기도 하다. 이것이 일반적인 범죄와 테러리즘이 구분되는 점이기도 하다. 이 제3자는 사회적·계급적으로 정의될 수도 있고, 종족적·민족적으로 정의될 수도 있으며, 더 나아가 이 모든 경계를 가로질러 종교적으로 정의될 수도 있다. 예컨대, 테러 행위자는 자본주의 체제에서 억압받는 노동 계급의 해방을 위해, 제국주의 국가의 식민 지배 아래 신음하고 있는 민족의 해방을 위해, 사악한 이교도들의 지배에서 참된 신앙인들을 해방하기 위해 투쟁한다고 주장한다.

테러 메시지의 또 다른 수신자인 이 제3자가 어떠한 반응을 보이느냐, 테러리스트의 의도대로 다시 희망을 가지고 투쟁에 동참하느냐, 무관심을 떨치고 새롭게 관심을 보이느냐는 테러 공격을 받은 세력의 대응에 달려 있다. 그 대응이 공격적일 때, 그 세력의 타락과 잔혹함을 비난했던 테러 집단의 주장은 비로소 사실이 되고, 그럼으로써 제3자는 소극적으로 또는 적극적으로 테러 행위자의 편에 서게 된다. 그러나 공격받은 세력, 즉 테제3자와의 관계가 현대 테러 전쟁의 주요 행위자들과 전통적인 테러리스트들을 구분해주는 핵심 요소이다.

러라는 도전을 받은 국가/권력의 대응이 충분히 유연하다면 그 국가는 테러 집단과 그들이 이 투쟁에 끌어들이고자 한 제3자 간의 거리를 유지하는 데 성공하게 된다.

'새로운' 테러리즘과 구성되어야 할 제3자

군사적으로 더 약한 테러 집단이 정치적으로 승리하기 위해서는 장기적인 관점에서 이 제3자를 자기편으로 끌어들이고 심지어 투쟁에 동원할 수 있어야 한다. 바로 이 제3자와의 관계가 현대 테러 전쟁의 주요 행위자들과 전통적인 테러리스트들을 구분해주는 핵심 요소이다. 19세기의 러시아 아나키스트들과 1970년대와 1980년대 서유럽과 일본의 극좌파들은 테러라는 형태의 폭력을 사용하면서도 지속적으로 자신들의 행위에 정당성을 제공해줄 집단으로서 이 제3자를 염두에 두고 있었으며, 그들을 적극으로 투쟁에 끌어들이기 위해, 즉 그들의 관심을 끌기 위해, 그들을 조직원으로 충원하기 위해, 또한 그들에게서 재정적 지원을 얻기 위해 적에게 테러를 가했다. 그러나 현대의 새로운 테러리즘에서 테러 행위자들이 관심을 끌고자 하는 사회적·계급적, 종족적·민족적으로 정의된 제3자는 아직 존재하지 않는다. 단지 가상으로 존재할 뿐이다. 왜냐하면 그들 자신이 사회적·계급적으로, 종족적·민족적으로 뿌리 뽑혀 있기 때문이다. 제3자는, 테러리스트들이 그들에게 호소하기 위해서라도, 먼저 구성되어야 한다. 이 구성적 과정을 촉발하기 위해 현대의 새로운 테러리즘은 테러 공격을 일종의 도발로서 감행한다. 정치적 근거 집단이 없는 이들은 그 집단, 즉 제3자를 구성하기 위해 테러를 한다. 왜 이러한 변화가 생겨났으며, 그 변화의 정치적·군사적 의미는 무엇일까? 이어지는 절에서는 현대의 테러리즘이 정치적 맥락을 잃고 탈정치화하게 된 과정을 살펴보고자 한다.

2

테러리즘의 탈정치적 자율화

게릴라 전쟁과 테러리즘

테러리즘은 정치의 역사에서 전혀 새로운 것이 아니다. 앞 장에서 살펴본 것처럼, 테러라는 형태의 폭력은 지배의 수단으로서, 그리고 저항의 수단으로서 계획적으로 합리적으로 채택되곤 했다. 테러리즘을 적극적으로 이용한 20세기 중반의 반식민 저항운동은 일정한 정치적 성과를 얻기도 했다. 그 결과, 한때 테러리스트로 낙인찍혔던 사람들이 한 나라의 공식적인 정치 지도자가 되어 유엔 총회 석상에 나타나기도 했다. 지난 20세기에 제3세계의 식민지 해방 투쟁에서 테러리즘이 중요한 수단으로 이용되었지만, 그것은 어디까지나 게릴라 전쟁의 '전술적' 요소에 불과했다.

　제국의 강요와 식민지 지배 세력의 협력에 의해 이식된 새로운 정치적 의미 맥락을 거부하는 사람들은 자신들의 삶에 의미

게릴라, 파르티잔

1808년에 나폴레옹이 스페인을 정복하고 양민들을 괴롭히자 마드리드 시민들이 돌과 몽둥이를 들고 일어섰다. 그러나 폭동은 프랑스군에 의해 곧 진압되었고, 수많은 시민들이 학살당했다. 이에 청년들이 전국에서 일제히 무기를 들고 산악 지대로 숨어들어 프랑스군과 '작은 전쟁'을 벌였는데, 여기에서 '게리야'(영어식으로 '게릴라')라는 말이 유래했다. '게리야'는 전쟁을 뜻하는 스페인어 '게라guerra'의 축소형이다. 프랑스어 '파르티잔'도 유사한 의미인데, 제2차 세계대전 전후에 독일과 소련의 점령에 맞서 싸운 프랑스와 동유럽의 비정규 군사 집단을 일컫는다. 한국에서는 '빨치산'이라고도 부른다.

를 제공해준 과거의 정치적 의미 맥락을 복원하고 보수하려고 한다. 이때 그 시도는 독립 투쟁으로 나타난다. 20세기에 그것은 특히 '내셔널리즘'과 결합해 강력한 힘을 발휘했다. 때로 사람들은 그것을 과거의 것이 아닌, 새로운 것으로 대체하려고 하는데, 이때 그 시도는 사회적 혁명으로 나타난다. 20세기에 제3세계에 강제로 부과된 제국적 의미 맥락에 대항한 식민지에서의 저항은 대개 이 두 가지 경향이 섞인 형태로 나타났다. 그리고 맥락의 교체를 폭력적인 방법으로 이루려고 할 때, 로마군과 열심당의 전쟁 같은 비대칭적인 전쟁이 벌어졌다. 그것은 정규군이 동원된 국가 간의 대칭적인 전쟁이 아니라, (이미 국가인, 그리고 세계적으로 팽창하려고 하는) 국가 행위자와 (아직 국가가 아닌, 그래서 국가를 건설하려고 하는) 비국가 행위자 간의 비대칭적인 전쟁이었다. 이때, 때로는 합법적 정부임을 주장하기도 하는 비국가 단체의 군대는 정규군을 상대로 '게릴라guerrilla', 즉 '작은 전쟁'을 벌이는 '파르티잔partisan'이 된다.

　게릴라 세력은 물리적 힘의 측면에서 작고 약한 조직이 강력한 식민 지배 세력을 상대로 테러를 가하여, 오랜 지배로 인해 정신적으로나 신체적으로 체제에 포섭되고 독립 자체에 무관심해져버린 주민들에게 지배 세력 역시 공격당할 수 있다는 것을 (따라서 궁극적으로 패배할 수도 있다는 것을) 보여주었다. 그리고 민간인과 구별되지 않는 게릴라 집단의 특성 때문에, 그들의 테두 가지 변화가 생겼다. 하나는 1960년대에 시작되어 1990년대에 본격화한 테러리즘의 국제화이고, 다른 하나는 종교적·근본주의적 이념을 테러 공격의 추진력과 정당화 근거로 삼는 집단의 출현이다.

러 공격에 대한 식민 지배 세력의 대응은 대개 민간인을 대상으로 무자비하게 이루어졌는데, 그 결과 그런대로 그들의 지배에 만족하며 살던 주민들이 결국 등을 돌리게 되었고, 식민 대리통치자들과 주민들 간에는 분열이 생기게 되었다. 게릴라 세력에 대한 지역 주민들의 물질적 지원과 인적 지원은 그들이 게릴라 전쟁을 수행하는 데에 필수적인 요소였으며, 테러 공격은 바로 그 기폭제 역할을 했다.

1950년대와 1960년대까지만 해도 테러는 어디까지나 게릴라 전쟁을 위한 수단이었다. 게릴라 부대는 지역 주민들을 자신들의 지속 가능성의 조건으로 삼기 때문에 그들이 수단으로 사용하는 테러 작전 역시 매우 짧은 기간 동안 선별적인 목표만을 대상으로 했다. 그리고 그들의 물질적 생존 조건이자 정당성의 원천인 사회적·민족적·종교적 제3자에게 할 수 있는 한 피해가 가지 않도록 노력했다. 행여 이들에게 피해가 발생하면 그 피해를 지배 집단이 반게릴라 프로파간다에 이용하지 못하도록 상세한 해명과 함께 사과 성명을 발표했다. 그러나 오늘날, 예컨대, 9·11과 같은 테러의 결과로 (그들에게 중요한 제3자일 것 같은) 아랍인이나 무슬림이 죽었다고 해서 테러 집단이 사과를 하거나 해명을 하지는 않는다. 마찬가지로 팔레스타인이나 이라크에서 테러 공격의 결과로 민간인이 희생되더라도 테러 집단은 사과하지 않는다. 그들에게 그것은 그저 '부수적 피해collateral damage'이기 때문이다. 그리고 이 점은 대부분의 정상 국가들이 군사 작전 중에 자국 민간인이 희생되었을 때에 보이는 태도와 다른 부분이다. 바로 이 제3자에 대한 고려가 과거의 테러리즘으로 하여금 대량 살상 무기나 그것과 유사한 폭력의 결과를 최대화하기 위한 방법의 사용을 억제했다. 따라서 그들의 테러 수단은 전통적으로 총과 폭탄에 국한되었다. 희생자의 범위를 마구 늘려서는 곤란하기 때문이다. 그러나 여기에 두 가지 변화가 생겼다. 하나는 1960년대에 시작되어 1990년대에 본격화한 테러리즘의 국제화이고, 다른 하나는 종교적·근본주의적 이념을 테러 공격의 추진력과 정당화 근거로 삼는 집단의 출현이다. 테러에 대한 기존의 정치적·이데올로기적 제한이 사라진 것이다.

멕시코 치아파스 주의 마야계 원주민들에 대한 토지 분배와 처우 개선을 요구하며 봉기한 반정부 투쟁 단체인 사파티스타 민족해방군(EZLN)의 부사령관 마르코스Marcos. 그는 인터넷을 기반으로 한 게릴라 전술로 유명하다

테러리즘의 국제화

테러리즘의 국제화는 두 가지 차원에서 진행되었다. 먼저 그것은 테러리즘의 피해자들의 구성이 국제화하는 것을 의미했다. 1970년 팔레스타인 무장 집단에 의한 미국, 서독, 스위스 국적 비행기의 동시 납치를 시작으로 테러리즘의 국제화는 시작되었다. 비행기 납치는 속성상 다양한 국적의 탑승객을 인질로 삼게

로커비 테러

1988년 12월 21일, 영국 런던과 미국 뉴욕을 운항하는 팬암 사의 항공기가 리비아 정보 요원의 테러로 공중에서 폭발했다. 비행기 잔해가 스코틀랜드 남부 로커비의 주택가에 추락해 '로커비 테러'라고 부른다. 이 사고로 11명의 로커비 주민과 21개국 승객 250여 명이 죽었다.

로커비 테러로 사망한 이들을 위한 위령비

된다. 따라서 행여 착륙 때마다 일부 인질들을 풀어줌으로써 테러 대상의 범위를 좁히려고 노력하더라도 이전의 민족주의적 테러리즘의 대상이 지배 민족의 일원, 그것도 지배층에 국한된 것에 비해 불가피하게 테러의 피해자 집단이 종족적으로나 사회경제적으로, 그리고 국적상으로 다양해진다.

비행기를 폭파시키는 단계에 이르면 테러리즘의 피해자가 예측 불가능해지는 변화가 그 정점에 도달하게 된다. 1988년 12월 팬암 사의 항공기에 탄 승객 250여 명을 희생시킨 스코틀랜드 로커비에서의 비행기 폭파 테러가 가장 극적인 예이다. (1987년에 일어난 대한항공 여객기 폭파 사건 역시 언급될 수 있지만, 피해자가 대부분 한국인이었다는 점에서 국제적 성격은 덜하다고 할 수 있다.)

테러리즘의 국제화는 또한 테러리스트 집단 자체가 국제화하는 것을 의미한다. 그리고 그것은 폭력에 대한 기존의 제한을 더욱 침식했다. 영토 국가와의 관계 안에서 사회적·정치적 혁명을 일으키거나 민족적·종족적으로 독립하려는 세력들이 정치적 목적을 위해 테러를 사용하는 것이 20세기 후반의 테러리즘의 지배적인 경향이었다. 이들은 같은 '혁명 세력'이라는 의식을 가지고 항공기 납치의 노하우를 공유하기도 했고, 다국적 승객을 태운 항공기를 납치한 후 그 점을 이용해 자신들과 직접적인 관련

종교적 근본주의

미국의 종교학자 브루스 링컨은 '근본주의적 fundamentalist'이라는 말이 "혐오감을 함의하고" 있을 뿐만 아니라 "정말로 핵심적인 것을 포착하지 못"한다고 주장한다. 그 핵심이란 "종교가 사회적인 것뿐만 아니라, 사실상 인간 존재의 모든 측면으로 스며들어야 한다는 확신"이다. 이것이 '최대주의적maximalist' 종교의 핵심이라면, '최소주의적minimalist' 종교는 "종교를 일련의 중요한 (주로 형이상학적인) 관심들에 국한하고, 국가의 개입에 맞서 그 특권을 보호하면서 동시에 그 활동과 영향을 특화된 영역에 한정"한다. 브루스 링컨, 《거룩한 테러—9·11 이후 종교와 폭력에 관한 성찰》, 김윤성 옮김(돌베개, 2005), 28~29쪽.

서독의 군사 좌익 조직 독일 적군파(RAF)의 로고. 독일 적군파는 팔레스타인 테러 단체와 연합하는 등 활동 영역을 국제적으로 확장했다(왼쪽) 요도호 납치 사건. 1970년, 일본 적군파 요원 9명이 하네다 공항에서 JAL-351편 여객기를 납치해 북한으로 망명했다(오른쪽)

이 없는 타민족 '혁명 동지'의 석방을 요구하기도 했다. 그리고 자국에서 활동하는 것이 어려워지면 제3국에서 다른 '혁명 동지'들과 함께 군사 훈련을 하기도 했다.

그렇게 다른 지역의 테러리스트 집단과 전략적으로 제휴하고 그들의 물질적·인적 지원을 받으면서 테러리스트 집단들은 점차 국제화했다. 그러나 국제화할수록 그들이 애초에 기반을 둔 지역과의 연계는 약해질 수밖에 없었다. 특정 지역에서 뿌리가 뽑힌, 즉 주민들에게서 분리된 '유목적' 테러리스트들이 등장하고 그저 이데올로기적으로만 결합한 다국적 테러리스트 동맹이 등장했을 때, 지금까지 그들에게 존재하던 폭력 사용의 암묵적인 문턱은 사라지게 되었다. 이제 제3자에 대한 고려는 사라지고 폭력의 제한적 사용이라는 정치적 족쇄는 풀리게 되었다. 여기에 기여한 또 한 가지의 변화는 바로 종교적으로 매우 근본주의적인 테러 집단의 등장이다.

종교적·근본주의적 국제 테러 조직의 등장

테러에 대한 정치적 또는 이데올로기적 제한은 곧 주권 국가적 제한을 의미하는데, 그것은 오로지 동일하게 주권 국가의 수립을 추구하는 사회적·혁명적 세력과 종족적·민족적 집단에 의해서만 온전히 수용되었다. 종교적 테러 집단의 경우, 그 지지자들은 전 세계에 흩어져 있고, 그들의 적은 단순히 한 국가 내에서 정치권력을 보유한 집단을 넘어서는 폭넓은 대상이다. 그 결과, 종교적 테러리즘은 사회적·혁명적 테러리즘이나 종족적·민족적 테러리즘보다 훨씬 더 많은 사상자를 만들어낸다. 종교적·근본주의적 테러리스트는 자신들의 테러를 보고 제3자가 투쟁에 동참할 것을 기대하면서 그들에게 정치적 메시지를 전달하는 것이 아니라, 테러를 통해 아직 존재하지 않는 제3자를 생산하고 구성하려고 한다. 따라서 그들의 테러에는 주권 국가적 제한이, 적어도 아직은, 없다.

  종교적·근본주의적 테러리스트는 천년왕국적 또는 묵시록적 관념들을 가지고 있기 때문에, 다시 말해, 세속적 목표를 하찮게 생각하기 때문에, 초월적 목표를 위해 폭력의 무제한적 사용마저 정당하다고 여긴다. 절대 악에 맞선 싸움에서 일부 사망자가 무고할 수 있는 가능성은 고려되지 않는다. (여기에서 종교적·근본주의적 테러리스트의 모습으로 반드시 이슬람교도를 떠올릴 필요는

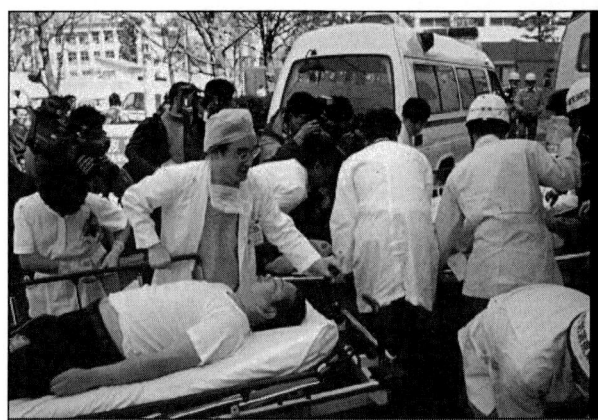

국내에는 '옴 진리교 사린 가스 사건'으로 알려진 마츠모토 사린 가스sarin gas 사건. 1995년 3월 20일 도쿄 지하철에 옴 진리교 신자들이 독가스를 살포해서 12명이 숨지고 수천 명이 다쳤다

종교적·근본주의적 테러리스트는 자신들의 테러를 보고 제3자가 투쟁에 동참할 것을 기대하면서 그들에게 정치적 메시지를 전달하는 것이 아니라, 테러를 통해 아직 존재하지 않는 제3자를 생산하고 구성하려고 한다. 따라서 그들의 테러에는 주권 국가적 제한이, 적어도 아직은, 없다……종교적 동기와 테러 전략의 결합은 폭력의 소용돌이가 그 어느 때보다 더 빠르게 일어날 수 있게 한다. 테러 작전이 정당성을 갖추기 위해 제3자에게 호소해야 할 필요성이 더 이상 존재하지 않기 때문이다. 신이 정당성을 제공하고 심지어 수신인, 또는 최소한 참고인이 되기 때문에 테러 공격에서 비롯하는 피해 규모와 사상자 수에 대한 어떠한 정치적 고려도 필요 없게 된다.

없다.) 1995년 일본 도쿄 시내의 지하철에 독가스를 살포한 옴 진리교 사건, 1995년 미국 오클라호마 시청사에 폭탄을 투척해 168명의 시민을 희생시킨 사건, 1998년 나이로비, 케냐, 탄자니아, 다르에스살람에서의 미국 대사관 폭파 사건, 그리고 2001년 미국 뉴욕의 세계무역센터 공격 등은 모두 종교적·근본주의적 테러리즘이 대규모의 사상자를 만들어낸 예이다.

 종교적 동기와 테러 전략의 결합은 폭력의 소용돌이가 그 어느 때보다 더 빠르게 일어날 수 있게 한다. 테러 작전이 정당성을 얻기 위해 제3자에게 호소해야 할 필요성이 더 이상 존재하지 않기 때문이다. 신이 정당성을 제공하고 심지어 수신인, 또는 최소한 참고인이 되기 때문에 테러 공격에서 비롯하는 피해 규모와 사상자 수에 대한 어떠한 정치적 고려도 필요 없게 된다. 9·11 테러가 보여준 것은 그 어느 때보다도 화려한 미디어 효과에 대한 필요와, 폭력에 대한 전통적인 제한을 넘어서는, 종교적으로 추동된 테러의 치명적 결합이었다.

 그런데 이처럼 화려한 미디어 효과가 테러에 왜 필요해진 것일까? 대중 미디어를 통한 공포의 확산이 테러에 필수적임은 이미 지적한 바 있다. 그런데 이처럼 거대한 스펙터클을 연출할 필요는 왜 생긴 것일까? 테러의 규모가 커지고 사상자가 많아진 것은 부분적으로는 미디어의 발달과 함께 보도 내용이 지나치게 자극적이고 왁자지껄해져서 그 사이에서 주목받기 위해 다른 뉴스들과 마찬가지로 테러 자체도 더 선정적으로 변하지 않을 수 없게 된 것과 관련된다. 매일매일 갱신되는 테러 사건과 사상자 수의 보도 속에서 보도의 지속성과 강도를 확보하기 위해서는 더 자극적인 광경을 연출하지 않으면 안 되기 때문이다.

무기의 발달 그 자체는 테러가 더 화려해진 것에 그다지 큰 영향을 끼치지 못했다. 첨단 무기가 끊임없이 개발되었지만, 20세기까지만 해도 대부분의 연구자들은 테러리스트들이 선호하는 무기가 다이너마이트와 총기에 국한될 것이라고 생각했다. 왜냐하면 대량 살상 무기나 생화학 무기의 사용이 게릴라 전쟁에 예속된 테러리즘에는 전술적으로 불필요할 뿐만 아니라 정치석으로도 매력적이지 않기 때문이다. 그런데 종교적·근본주의적 테러리즘이 등장하고 그와 함께 그동안 테러리즘의 정당성의 원천으로 간주되던 제3자의 중요성이 쇠퇴하면서, 사상자의 규모와 무기의 선택을 제한하는 과거의 조건은 사라지게 되었다. 그와 함께 과거의 사회적·혁명적 또는 종족적·민족적 테러리스트들이 발표하곤 했던 (테러가 자신들의 소행임을 밝히는) 책임 성명이 사라지고, 화려한 시각적 이미지만 남게 되었다.

종교적·근본주의적 테러 집단에게는 애초에 그들이 책임을 느끼는 어떤 수신자도 존재하지 않는다. 자신들의 행위를 설명하고 요구 목록을 나열하는 어떠한 배경 텍스트도 없이 그저 공격하고 공격당하는 이미지를 통해서 '메시지'를 전달한다. 그런데 그 메

생화학무기 방어복. 폭발음이나 불길을 수반하지 않는 생화학무기는 그래서 더 두렵다

시지가 무엇인지가 확인되지 않는다. 표면적으로 그것은 이러저러한 것들일 수 있지만, 표면적인 메시지 뒤에 숨어 있는 '진정한' 의미와 그들의 '진정한' 목적은 비밀로 감추어져 있다.

그것이 오히려 그들에게는 전술적 이점이다. 자신들의 목적이 제대로 드러나지 않는 것이 사회적·혁명적 또는 종족적·민족적 테러 집단에게는 전술적 결함이겠지만 종교적 테러 집단에게는 오히려 전술적 핵심 요소이다. 테러 공격을 감행하는 자들의 머릿속에 있는 정치적 관념들은 온전히 파악되지 않는다. 그들의 동기나 목적을 확인할 수 있는 공식적인 성명 발표도 없이 그저 이미지만을 통해, 예컨대 오사마 빈 라덴의 비디오 메시지

지식-권력

미셸 푸코는 권력이 단순히 물리적인 힘을 통해서만 행사되지 않고, 옳고 그름에 관한 지식, 사물의 분류에 관한 지식을 통해서도 행사된다고 생각했다. 동시에 권력은 그런 지식을 생산하는데, 지식과 권력이 맺는 이러한 상호관계를 푸코는 '지식-권력'이라는 개념으로 표현했다.

에서처럼, "신은 위대하며 적들은 벌을 받을 것이다" 따위의 막연한 메시지를 전달하는 현대의 종교적 근본주의자들의 테러 공격은 그 목표와 동기가 불분명하기 때문에 어떠한 타협도 배제한다. 타협의 가능성이 없다. 테러리스트가 어떠한 요구를 한다면, 그것을 들어주거나 들어주지 않거나 간에 어쨌든 테러 활동이 끝날 전망이 열리게 되지만, 그런 요구가 없다면 대책도 없다. 사실, 종교적 근본주의자들이 뭘 요구한들 그것이 타협 가능한 것일 리도 만무하다.

 빈 라덴의 메시지는 특정 테러 공격과 무관하게 유포되는데, 다만 우리가 그것을 '지시'로 해석할 뿐이다. 바로 이 모호성이 또한 국가가 현대적 형태의 테러리즘에 맞서 싸우는 것을 어렵게 한다. 그리고 동시에 여기에서 바로 규정 능력의 문제가 발생한다. 즉 분명하게 드러나 있지 않은 테러리스트의 정치적 의지를 누가 확정할 수 있느냐 하는 문제이다. 이것은 일종의 지식-권력의 문제이기도 하다. 모호한 테러리스트의 정치적 의지를 권력이 확정함으로써 '테러리즘'에 관한 지식을 만들어내고 테러리즘에 맞선 '전쟁'을 정당화한다. 국가 간의 전쟁에서는 선전 포고가 이루어지고 정치적 의지와 목표가 명시적으로 표명되는 반면 테러리스트의 공격에서는 그러한 의지의 표명, 이른바 선전 포고가 생략되는 경우가 많다. 이것이 테러리즘과 맞서 싸우는 것이 어려운 이유이다. 이때 권력은 이것을 단순한 폭력 범죄

전략과 전술

군사적인 용법에서 전략strategy은 전술tactic과 구분된다. 전투를 어떻게 수행할 것이냐가 '전술'의 문제라면, 싸울 것이냐 말 것이냐, 싸운다면 언제 어떤 상황에서 싸울 것이냐는 '전략'의 문제이다. 전술은 전쟁에서 정치적 목적에는 물론, 전략에도 예속된다.

로 간주하지 않고 거기에 일정한 정치적 의지를 '부여'함으로써 그것과의 '전쟁'을 성립시킨다.

전쟁의 비대칭화와 테러리즘의 독립

막스 베버Max Weber(1864~1920)가 정식화한 것처럼 근대 국가는 한 사회 안의 물리적 폭력의 정당한 사용을 공식적으로 독점한다. 최소한 그렇게 주장한다. 특히 전쟁에서 사용되는 폭력과 관련해 군대는 폭력의 사용을 전적으로 독점했고, 그 다양한 사용 양태를 군사적 전략에 입각해 전술적으로 통제했다. 그러나 20세기 후반과 21세기 초반에 우리가 목격한 지구적 차원의 군사 분쟁의 현실은 무력의 다양한 사용 가능성에 대한 군대의 독점적 통제가 실질적으로 무너졌음을 보여준다. 그와 함께 전쟁에서의 물리적 폭력의 사용도 전술적 예속에서 해방되었다. 과거에는 군대가 일반적인 전략적 계획 안에서 '전술적'으로 폭력의 사용을 선택할 수 있었고, 그런 의미에서 폭력을 독점한다고 주장할 수 있었다. 그리고 이것은 전쟁의 대칭화를 위해 필수적인 전제 조건이었다.

오늘날 군사력의 사용에서 관찰되는 비대칭성은 이전의 전쟁에서 전술적 요소이던 것을 독립적인 전략적 계획으로 바꾸었다. 과거의 게릴라 전쟁, 즉 '작은 전쟁'이 정규군의 군사 작전을

20세기 후반과 21세기 초반에 우리가 목격한 지구적 차원의 군사 분쟁의 현실은 무력의 다양한 사용 가능성에 대한 군대의 독점적 통제가 실질적으로 무너졌음을 보여준다.

지원하는 큰 전쟁의 부수적 산물이던 것에 반해, 이미 제2차 세계대전 이후의 '작은 전쟁'은 정규 부대에 의해 수행되는 '큰 전쟁'에 필연적으로 예속되거나 그것으로 수렴되지 않는 전략적 선택 사항이 되었다. 그런데 그 혁신은 공산혁명이 성공한 중국이나 베트남, 쿠바에서 일어나지 않았다. 그곳에서 게릴라 전쟁은 어디까지나 전술적 요소로 남았다. 오히려 혁신은 서남아시아, 즉 유럽인들이 '중동'이라고 부르는 곳과 북아프리카에서 일어났으며 다른 지역으로 확산되었다. '작은 전쟁'의 이러한 자율화 과정에서 군사적 계산과 경제적 합리성은 모두 핵심적인 역할을 했다. 게릴라 부대들은 이기기 위해 투쟁하지 않고 다만 적에게 더 버티기 어려울 만큼의 경제적 손실을 입히는 것만을 목표로 삼았다. 그리고 그럴 수 있는 수준으로 폭력을 유지하는 것을 목표로 삼았다.

지난 몇십 년 동안 테러리즘 역시 게릴라 전쟁과 유사하게 독립적인 전략으로 발전해왔다. 테러리즘의 이러한 전략적 독립에 결정적이었던 것은 공격받는 나라의 미디어 보도에 대한 접근성의 증가였다. 그것은 상대적으로 작은 폭력의 사용으로도 최대의 효과를 얻을 수 있게 했다. 여기에서는 무엇보다도 미디어의 밀도와 개방성이 중요하다. 매체가 촘촘하게 발달해 있지 않거나 발달해 있더라도 일종의 정치적 검열이 있어서 테러 공격이 보도되지 않는다면 테러리스트의 전략은 성공할 수 없다. 미디어 없이 공포가 확산될 수 없으며 애초에 기대했던 증폭 효과가 발생하지 않는다면 작은 폭력은 그저 작은 폭력으로 남게 되기 때문이다. 미디어의 증폭이 없다면 피해는 국부적으로 머물게 되며 경제적인 영역으로까지 확장되지 못한다.

전쟁의 도구와 장소의 전략적 재정의

오늘날의 새로운 테러리즘은 목표물의 선택에서 어떠한 제약도 받지 않는 것처럼 보인다. 목표물의 선택과 폭력의 방식을 제약하던 과거의 정치적 조건들에서 테러리즘이 독립한 것이다. 이로써 무력 사용의 방식과 장소 역시 재정의되기 시작한다.

 비대칭적 군사 대결이라는 점에서 게릴라 전쟁과 테러리즘은 유사하지만, 게릴라 전쟁은 기본적으로 방어적이고 테러리즘은 본질적으로 공격적이다. 게릴라 전쟁과 달리, 테러리즘은 우호적인 성향을 지닌 민간인들의 지원에 의존하지 않는다. 왜 그럴까? 그것은 테러리즘이 적의 민간 기반 시설을 자신의 보급 기지와 무기 재료로 이용할 수 있어서 우호적인 민간인들의 지원과 그 가능성을 애초부터 무시할 수 있기 때문이다. 무력 사용의 방식이나 장소와 관련한 급진적인 변화가 일어난 것이다. 비행기를 납치하는 것 자체는 사실 적의 민간 시설을 이용하는 것과 무관할 수 있다. 그러나 그것을 납치해 펜타곤 같은 군사 시설과 쌍둥이 빌딩 같은 경제 시설을 공격하는 단계에 이르면 상황은 완전히 달라진다. 전쟁의 도구와 장소의 전략적 재정의가 이루어지게 되는 것이다.

테러리스트가 상대의 민간 기반 시설을 이용할 때, 그 나라의 수송과 통신 시스템이 조밀하게 발달해 있을수록 그만큼 그것을 이용한 공격은 더 쉬워지고 그 효과 또한 커진다. 우편물이 쉽게 분실되고 배송에도 1주일에서 한 달까지 걸리는 곳에서 우편물을 통한 테러, 예컨대 폭발물이 담긴 소포를 보내거나 탄저균이 담긴 편지를 보내는 테러 공격이 성공할 리 없다. 또한 인터넷 사용이 활발하지 않은 곳에서 컴퓨터 바이러스를 이용한 사이버테러를 한다는 것도 어불성설이다. 따라서 예멘에서 이용되는 테러의 방식과 미국이나 한국에서 이용되는 테러의 방식은 다를 수밖에 없다. 테러에 이용할 수 있는 문명의 이기利器가 발달한 정도가 다르기 때문이다.

테러리스트가 상대의 가시적인 시설만을 이용하는 것은 아니다. 테러리스트는 또한 그들의 적국, 즉 테러 대상 국가가 스스로 자기에게 부과하는 정치적, 도덕적, 법적 제한을 이용한다. 테러리스트가 계산하는 것 가운데 하나는, 마치 아이들이 어른들과, 여자들이 남자들과 싸울 때 그렇게 생각하듯이, 상대방이 자신들과 동일한 방식으로 동일한 수준에서 대응하지는 못할 것이라는 점이다. 따라서 테러리스트의 공격을 위해 선택되는 사회는 대개 민주적 헌법이 있고 미디어 밀도가 높은 탈산업화 사회이다. 미디어 밀도가 낮고 심지어 국영 텔레비전조차 없는 농경 사회, 권위주의적이거나 전체주의적인 정부가 지배하는 사회는 테러의 방식으로 공격하기가 훨씬 더 힘들다. 그런 곳은 여전히 게릴라 전쟁을 위한 장소로 남게 된다. 아랍 국가들과 팔레스타인 지역, 그리고 아프가니스탄은 그런 의미에서 여전히 게릴라 전쟁이 수행되는 곳이다. 테러의 방식이 이용되더라도, 그 테러는 새로운 형태의 테러와 구분된다. 미국 같은 탈산업 사회들이 주목하는 것은, 다만 그곳에서 자신들을 공격할 테러리스트들이 양성되고 그들의 은신처를 발견하게 되는 상황이다. 그러한 가능성을 경계하는 것과 그곳에서 자행되는 테러가 탈산업 사회에서 발생하는 테러와 같다고 오해하는 것은 다르다.

탈영웅적 사회와 영웅적 테러리스트

9·11 테러는 이전과는 전적으로 다른 새로운 형태의 자살 테러를 보여주었다. 자살 테러는 적의 민간 기반 시설을 이용하기 때문에 테러를 위해 특별한 무기를 구입할 필요가 없어서 일단 비용 면에서 저렴하고, 무기를 소지하거나 운반하다가 적발될 염려가 없기 때문에 성공 가능성도 크다. 그래서 자살을 각오한다면 지극히 작은 집단도 미국 같은 초강대국을 상대로 테러를 감행할 수 있다. 여기에 더하여 그들로 하여금 테러를 더 쉽게 감행할 수 있게 하는 것은 탈산업화한 사회의 탈영웅성과 대조되는 그들의 '영웅적 심성'이다.

상인과 영웅

영웅성은 희생정신과 밀접하게 연결된다. 영웅은 지력이나 체력이 특별히 뛰어난 것과 본질적으로 무관하다. 영웅이 영웅인 것은 어디까지나 목적을 달성하기 위해 희생을 각오하는 그의 태도와 관련된다. 그런데 그 목적은 결코 자신만을 위한 것이 아니다. 자신만의 이익을 위해 힘쓰는 것은 상인의 태도이다. 영웅이 상인과 다른 점은 그가 죽어서까지 이루려고 애쓰는 그 목적이 공동의 것이라는 데에 있다. 그래서 영웅은 상인을 경멸한다. 제1차 세계대전이 발발한 이듬해에 독일의 저명한 사회경제학자 베르너 좀바르트Werner Sombart(1863~1941)는 《상인과 영웅》이라는 제목의 책을 냈다. 독일이 '서구'에 대항하여 벌이는 이 전쟁을 그는 단지 국가 간의 생존을 위한 투쟁으로 간주하지 않고 각 문화나 세계관이 살아남기 위해 벌이는 투쟁으로 간주했다. 그는 다음과 같이 말했다. "상점 주인과 상인의 나라인 영국과 프랑스 공화국은 '서구 문명', '1789년의 이념', '상업적 가치'를 대변하는 반면, 영웅의 나라인 독일은 더 높은 이상을 위해 자기를 희생할 각오가 되어 있다."

베르너 좀바르트

좀바르트 외에도 당시의 많은 독일 사상가들은 상인의 심성을 경멸했다. 삶에 집착하고, 위대한 이상을 위해 희생할 생각은 전혀 하지 않으며, 폭력적인 갈등은 슬쩍 피하고, 삶의 비극적 측면을 부정하는 비겁한 부르주아지의 태도를 그들은 역겹게 생각했다. 그것은 또한 민주적인 평범함에 대한 거부감이기도 했다. 오늘날 세계 평화를 위한 만병통치약처럼 여겨지는 민주주의와 시장 경제를 그들은 '서구'의 천박한 부르주아적 태도의 온상으로 간주하고 그에 대항하는 자신들의 영웅적 문화를 예찬했다. 100여 년 전에 독일 지식인들이 경멸했던 '서구'의 이와 같은 '영웅적이지 못한' '상인적인' 삶의 태도와 방식은 오늘날 (한때 서구와 다른 정신을 소유한 것으로 간주되던) 독일과 일본에서는 물론, 한국을 포함한 대부분의 '서구화한' 비서구 산업 국가들에서도 찾아볼 수 있다.

영웅적 도발, 탈영웅적 전투

넓은 의미의 '서구' 세계가 보이는 이 탈영웅성, 즉 희생정신의 감소는 군사 분야에서 특히 두드러지게 나타난다. 그 원인은 크게 세 가지로 요약될 수 있다. 첫째는 핵무기 같은 대량 살상 무기의 등장이다. 핵무기의 등장으로 전쟁의 양상은 완전히 바뀌었다. 아킬레우스 같은 한 사람의 영웅적 전사가 전쟁을 승리로 이끌 가능성은 이제 완전히 사라졌고, 함부로 전쟁을 하려고 하지 않는 신중한 탈영웅적 군인과 정치인이 중요해졌다. 둘째는 도시적 삶의 팽창이다. 전기 없이는 단 1초도 유지될 수 없는 도시적 삶의 방식이 확산되고, 그와 함께 그 도시의 고장 가능성과 파괴 가능성 역시 증가하면서 사람들은 영웅적 결투보다는 탈영웅적 협상을 선호하게 되었다. 그리고 셋째는 인구학적 변화이다. (문자 해독 인구의 증가와 함께) 출산율이 급속도로 낮아지는 인구학적 변화를 겪은 대부분의 선진 국가들은 대규모의 인적 손실의 위험을 감수하는 방식의 군사 대결을 기피하게 되었다. 그 결과 전쟁 수행의 방식에서 탈영웅성이 두드러지게 되었다. 한마디로 '영웅적' 전투에 따르는 리스크가 세계의 특정 지역에서 지나치게 높아진 것이다. 브루스 윌리스 주연의 영화 〈써로게이트〉(2009)와 제임스 캐머런 감독의 영화 〈아바타〉(2009)에 나오는 훨씬 강력한 신체를 지닌 원격으로 조종되는 대리인의 등장은 '(자기)희생 없는 전쟁'에 관한 미국의 꿈이다.

바로 이 점, 즉 넓은 의미의 '서구' 세계가 보이는 탈영웅성은 서구 세계와 맞서 싸우려는 사람들의 영웅성과 대조를 이룬다. 그들은 자신들의 호전성과 영웅성이 서구인들의 탈영웅성에 대해 일종의 무기가 될 수 있음을 잘 알고 있다. 빈 라덴은 이렇게 얘기한다. "미군의 고민은 어떻게 젊은 군인들을 싸우도록 설득할 것인가이겠지만, 우리의 고민은 서로 먼저 나서려고 하는 젊은이들이 어떻게 차례를 지키도록 할 것인가이다." 테러리스트의 영웅성은 테러의 대상이 되는 발전한 사회들의 '탈영웅성'에 대해 비대칭적 우월성을 가진다. 죽음을 두려워하지 않으면, 자신의 목숨을 희생할 각오를 하면, 공격 후의 탈출을 염려할 필요가 없으므로 테러의 성공 가능성은 훨씬 더 커진다. 테러리스트의 영웅성이 가지는 비대칭적 우월성이 이러한 전술적 차원에만 존재하는 것은 아니다. 그들에게 더 중요한 것은 그들의 영웅성

죽기를 각오하는 것은 구성원의 목숨이 치명적인 위험에 처해 있는 상황에서 그 목숨을 돈이나 정치적 양보를 통해 사려고 하는 발전한 사회의 탈영웅적 모습과 대조를 이룬다. 자살 공격은 그 자체로, 설령 그것이 실패하더라도, 상징적·도덕적 승리를 거두게 한다.

이 공격 대상이 되는 사회의 영웅적이지 못한 생활 방식을 그들로 하여금 경멸할 수 있게 해준다는 점이다. 죽기를 각오하는 것은 구성원의 목숨이 치명적인 위험에 처해 있는 상황에서 그 목숨을 돈이나 정치적 양보를 통해 사려고 하는 발전한 사회의 탈영웅적 모습과 대조를 이룬다. 자살 공격은 그 자체로, 설령 그것이 실패하더라도, 상징적·도덕적 승리를 거두게 한다. 자신들의 굳은 결의를 보여주는 것으로 효과는 충분하다. 왜냐하면 이것은 또한 이미지 차원에서 벌어지는 전쟁이기도 하기 때문이다. 영웅적 '도발'과 '시위'에 탈영웅적 사회는 혼란스럽게 반응한다. 이 이미지 전쟁을 위해 소규모의 영웅적 테러 집단은 실제 무기를 가지고 전투를 벌인다. 그래야 이미지 세계에서 벌어지는 전쟁에 초대받을 수 있기 때문이다.

죽음이 오히려 구원인 사람들

홉스와 스피노자 같은 근대 정치사상가들은 인간을 포함한 자연 속의 모든 개체들이 본성적으로 자기 자신 속에, 자기 자신의 상태에 머무르려고 노력한다고 생각했다. 그것을 '코나투스$_{conatus}$'라고 불렀는데, 그것을 그들은 어디까지나 모든 개체의 본성적 경향으로 이해했지 그 어떤 의지적 '노력'으로 보지 않았다. 말하자면 모든 살아 있는 것들이 본능적으로 계속 살아 있으려고

한다는 것이다. 인간과 관련해 말하면, 모든 인간이 본성적으로 살고 싶어 하고 죽고 싶어 하지 않는다는 것이다. 근대 정치사상가들이 자기 보존의 욕구를 인간의 본성으로 간주한 것은 근대 국가의 기원을 개인의 합리적 선택의 결과로 설명하기 위한 것이었다. 이러한 이론적 기획을 방해한 것은 바로 자살이었다.

스피노자는 이른바 '자살'이라고 불리는 행위에 세 종류가 있다고 설명한다. 첫 번째는, 칼을 든 자신의 손을 남이 잡아 비틀어 억지로 자신의 심장에 꽂는 경우처럼, 겉보기에 자살처럼 보이더라도 실질적으로 타살인 경우이다. 두 번째는, 독배를 들고 죽은 로마의 철학자 세네카의 경우처럼, 사는 것이 죽는 것만 못한 상황에서 기꺼이 죽음을 택하는 경우이다. 세 번째는 일종의 환각 상태에 빠져 자신을 인간이 아닌 다른 존재로 착각하여 높은 곳에서 떨어지거나 하는 경우이다. 이러한 설명을 통해 스피노자가 주장하고자 한 것은 인간이 타인에 의해 실질적으로 강제되었거나 미신적 종교에 의해 환각에 빠진 경우가 아니라면, 어떠한 경우에도 자기 존재의 보존에 해로운 것을 자발적으로 선택하지는 않는다는 것이다.

'자살'의 불가능성은 홉스나 스피노자에게는 국가의 등장을 설명하기 위한 필수 조건이었다. 국가의 성립을 자연 상태 속 개인의 합리적 선택의 결과로 설명하고자 한 스피노자와 홉스는 사람들을 기꺼이 죽게 만들 수 있는 (계시) 종교가 최소한 국가 성립 이전의 자연 상태에는 없으며 국가 상태에서도 어디까지나 국가의 통제 아래 있어야 한다고 주장했다. 기꺼이 죽으려는 사람들을 정치적으로 복종케 할 수 있는 국가는 이 세상에 없기 때문이다. 그런데 타인에 의한 '실질적 타살'이나 환각에 의한 '유사 자살' 외에 인간이 스스로 목숨을 버리는 경우가 있으니, 두 번째 경우, 즉 사는 것이 죽는 것보다 못한 상황이다. 이때에 사람들은 기꺼이 죽기를 각오하게 된다.

하니 아부 아사드 감독의 영화 〈천국을 향하여〉(2005)는 평범한 팔레스타인 청년이 어떻게 '순교자'가 되는지를 매우 세밀하게 묘사한다. 아버지가 '매국노'로 낙인찍혀 처형된 후에 자신의 의지나 행위와 상관없이 졸지에 '매국노의 자식'이 되어버린 주인공 사이드의 삶은 죽음보다 그리 낫지 않다. 이 상황을 바꿀 수 있는 방법은 단 하나, '순교자'가 되는 것이다. 그것이 자신을 위해서도, 어머니나 동생을 위해서도 자신이 할 수 있는 최선의 선택이다. 테러를 계획하는 사람들이 표방하는 그 어떠한 대의명분도, 코란이 약속한다는 그 어떤 보상도 그에게는 중요하지 않고 자살을 선택하는 동기가 되지 않는다. 그는 그저 죽음보다 못한 삶, 지옥 같은 삶에서 벗어나고자 할 뿐이다. 그래서 그는 기꺼이 자신의 몸에 폭탄을 두르고 텔아비브 시내로 가서 버스를 탄 후에 기폭 장치의 줄을 당긴다. 그런 그의 눈앞에는 비로소 '천국'이 펼쳐진다.

'검은 미망인'

    2002년 10월 말, 체첸분리독립주의자들이 러시아 모스크바의 어느 극장을 점령했다. 120여 명의 희생자가 발생한 이 사건이 특히 사람들을 놀라게 한 것은 그 테러 작전에 다수의 여성들이 가담했다는 사실이었다. 몸에 폭탄을 두르고 얼굴을 검은 차도르로 가린 이 여성들의 대부분은 20대 초반이었다. 이들을 사람들은 '검은 미망인'이라고 부르는데, 그들은 오랜 전쟁으로 이미 부모를 잃은 채 성장했거나 전쟁 중에 남편을 잃고 자식을 잃은 사람들이었다. 또한 그들은 계속되는 전쟁 속에서 암살, 강간, 고문, 살해, 신체 훼손 등을 일상적으로 목격하고 또한 직접 겪으며 산다. 그들의 '삶'을 모르는 사람은 그들이 '자살 테러'라

> 국가는 최소한 신민이 죽음을 합리적으로 선택하게 해서는 안 된다. 삶이 죽음보다 못한 상황에서 사람들은 기꺼이 죽음을 각오하고 저항할 수 있기 때문이다. 그러한 삶의 조건을 도외시하고 그저 규범적으로 자살을 비난하는 것은 무용할 뿐만 아니라 비윤리적이다.

는 형태로 적을 공격하는 것을 그저 끔찍해하며 이해할 수 없다고 말한다. 그러나 죽음이 오히려 구원인 삶도 있고, 죽음이 삶보다 훨씬 더 나은 선택인 경우도 있다.

 스피노자나 홉스가 말하고자 한 것은 국가가 최소한 국가라면 신민이 죽음을 합리적으로 선택하게 해서는 안 된다는 것이다. 삶이 죽음보다 못한 상황에서 사람들은 기꺼이 죽음을 각오하고 저항할 수 있기 때문이다. 그러한 삶의 조건을 도외시하고 그저 규범적으로 자살을 비난하는 것은 무용할 뿐만 아니라 비윤리적이다. 오늘날 누군가에게 죽음이 오히려 구원일 수 있게 하는 것은 과연 무엇/누구일까?

깊이
읽기

테러와 경제

새로운 상품을 개발하기에 앞서 누군가가 직장 동료들과 상사들 앞에서 그 상품에 관해 프레젠테이션하는 모습은 쉽게 상상할 수 있다. 그렇다면 테러 지원자가 마찬가지의 방식으로 자신의 테러 기획을 프레젠테이션하는 모습은 어떤가? 《모던 지하드—테러, 그 보이지 않는 경제》(시대의창, 2004)의 저자 로레타 나폴레오니 Loretta Napoleoni에 의하면 오늘날 전 세계에 흩어져 있는 테러 지원자들이 테러 활동 지원비를 타내기 위해 비디오 프레젠테이션을 만들어 빈 라덴에게 보낸다고 한다. 1999년 한 해에만 수백 건의 자금 지원 요청을 받았지만, 기획이 그리 인상적이지 않아서였을까, 빈 라덴과 그의 네트워크는 대부분을 기각했다고 한다.

테러가 일종의 경제적 활동이 된 것이 최근의 일은 아니다. 1968년 7월 23일, 로마를 떠나 텔아비브로 가던 이스라엘 항공사 소속 비행기 한 대가 납치되어 알제리의 수도 알제에 불시착했을 때, 납치범들은 열두 명의 이스라엘 사람들을 인질로 붙잡고 이스라엘 감옥에 갇혀 있는 열다섯 명의 팔레스타인 사람의 석방을 요구했다. 범행을 주도한 '팔레스타인 해방을 위한 인민전선PFLP'의 하다드와 하바시의 1차 목표는 기존의 아랍 스폰서 국가들로부터 독립해 경제적으로 자립하는 것이었는데, 이 하이재킹으로 그들은 이 목표를 달성할 수 있게 되었다. 왜냐하면, 납치 사건 이후 여러 항공사들이 추가로 공격받지 않기 위해 무장 단체들에게 자발적으로 보호세를 납부했고, 그 무장 단체들이 다시 하다드에게 매달 약 100만 달러의 돈을 상납했기 때문이다. 이때부터 보호세는 국제 무장 단체의 주요 수입원이 되었다. 그 돈은 항공사들이 납치당하지 않기 위해 내는 일종의 보험금이었다. 독일의 루프트한자 항공사도 1972년에 자사 비행기가 PFLP에 납치당하자 그다음부터 보험금을 내기 시작했다.

단순히 보호세를 받는 것에서 나아가 아예 공식 경제를 붕괴시키고 전쟁 경제로

대체하려는 시도도 나타난다. 2002년 10월, 인도네시아 발리의 한 나이트클럽에서 폭탄 테러가 발생했다. 이슬람 무장 단체들이 저지른 이 테러는 가뜩이나 어려운 인도네시아 경제에 치명적인 타격을 입혔다. 경제적 불확실성에다 정치적 불안정마저 더해지자 해외 자본의 투자가 급속히 빠져나간 것이다. 발리는 국제적인 관광 휴양지로서 이 섬에서만 인도네시아 GDP의 약 5퍼센트 규모인 연간 70억 달러의 관광 수입이 발생한다. 그런 곳에서 발생한 테러는 한 나라의 경제적 안정마저 뒤흔들 수 있다. 발리 테러 직후 인도네시아의 주식 시장은 폭락했고, 그러잖아도 허약했던 루피화는 외환 시장에서 더욱 허약해졌다. 무장 단체들은 중앙 정부의 권위를 무너뜨리기 위해 합법 경제를 겨냥해 테러를 가하고, 합법 경제가 붕괴하면 그 공백을 비집고 들어가 그들의 전쟁 경제로 기존의 경제를 대체하려고 한다.

경제학자이자 저널리스트인 나폴레오니는 무장 집단의 군사적 지원과 금융 조달을 서로 연계시키는 오늘날의 국제적 연결망을 가리켜 '테러의 신경제New Economy of Terror'라고 부른다. 오늘날 테러의 신경제는 급속히 성장하는 국제적 경제 체제인데, 이 경제의 연간 매출이 1조 5,000억 달러, 영국 연간 GDP의 2배에 달하는 규모라고 한다. 그런 의미에서 오늘날 우리가 목격하고 있는 테러-반테러 전쟁은 단순한 군사적 충돌이거나 문명적·세계관적 충돌이 아니라, 두 경제 체제, 즉 힘이 센 서구 자본주의 경제 체제와 반군 세력이 조직한 테러의 신경제 체제 간의 충돌이기도 하다. 테러의 신경제는 직접적으로 서구 경제 체제로부터 지원을 받기도 하고, 그 체제의 경제에 공격을 가함으로써 간접적으로 자신의 경제를 지속시키기도 한다. 클라이브 오웬 주연의 영화 〈인터내셔널〉(감독 톰 튀크베어, 2009)이나 니콜라스 케이지 주연의 영화 〈로드 오브 워〉(감독 앤드류 니콜, 2005), 레오나르도 디카프리오 주연의 영화 〈블러드 다이아몬드〉(감독 에드워드 즈윅, 2007) 등은 서구의 자본주의 경제 체제가 테러 경제와 어떻게 직·간접적으로 연계되어 있는지를 슬프게도 잘 보여준다.

4장

테러리즘과 도덕

1

테러리즘은 정당할 수 있나

지금까지 우리는 테러리즘을 일종의 기술, 즉 지배의 기술, 저항의 기술, 커뮤니케이션 기술로서 다루었다. 테러리즘은 분명히 그러한 기술이기도 하다. 때로는 지극히 목적합리적으로 사용되는 기술이고, 때로는 도대체 무슨 목적을 위해 사용되는지 알 수 없게 지극히 허무하게 사용되는 기술이다. 테러리즘을 이렇게 정치적 기술, 그리고 오늘날 탈정치화하고 있는 기술로 다룰 때에 우리는 왠지 모르게 불편해진다. 거기에 도덕적 질문이 빠져 있기 때문이다. 테러리즘이라는 현상을 정확하게 이해하기 위해서는 일단 그것을 도덕과 무관하게 다룰 필요가 있다. 그러나 계속해서 윤리나 도덕과 무관하게 그 현상을 다룰 수는 없다. 그것을 옹호하는 사람이나 그것을 비난하는 사람 모두 일정한 형태의 도덕적 주장을 하기 때문이다.

    우파들은 흔히 테러리즘을 판단할 때에 그것의 결과에 초점을 맞추어 쉽게 그것을 범죄화한다. 그리고 그것을 어디까지나 현

법실증주의
실정법에 시야를 한정하는 법사상 또는 경향을 일컫는다. 법실증주의는 법치 국가에서의 합법성의 원리와 이에 기초한 법체계의 확립에 기여했지만, 법의 흠결 현상, 곧 법이 복잡한 사회 생활을 빠짐없이 완벽하게 규율할 수 없어서 생기는 현상을 인정하지 않으며 법적 판단의 실천적이고 가치판단적인 측면을 부정한다는 비판을 받는다.

재의 사법적 틀 안에 가두어서 보려고 한다. 그럼으로써 사실상 도덕적 판단을 법적 판단으로 대체한다. 마치 법이라는 것이 우리의 도덕적 판단과 무관하게 존재하는 것처럼, 박제화한 법에 판단을 맡긴다. 법실증주의적 태도인 것이다. 그렇다고 해서 우파들이 투철한 준법정신을 가지고 있는 것도 아니다. 상황이 뒤바뀌면 그들도 언제든지 쉽게 테러리즘에 호소한다. 그것이 '백색' 테러리즘이다. 변화한 정치적 상황에서 자신들이 범죄자 취급을 받을 때에 그들은 초법적 원리에 호소하기도 한다. 그런 의미에서 우파들의 법실증주의적 입장은 사실상 자신들이 권력을 가지고 있을 때에 보이는 기만적 태도에 불과하다.

이에 맞서 좌파들은 흔히 지배가 저항을 낳았고 테러리즘이 그저 약자들이 선택한 저항의 한 형태에 불과하다고 주장함으로써 테러리스트에게 면죄부를 부여한다. 저항의 동기와 방식에 대한 도덕적 판단은 포기한 채, 저항의 원인과 저항이 표방하는 정치적 대의에만 초점을 맞춘다. 마치 테러리즘을 낳을 수밖에 없는 상황이라는 것이 행위자의 선택과 무관하게 객관적으로 존재하는 것처럼 말하고, 그러면서 모순되게도 행위자들이 주관적으로 표방하는 정치적 대의들을 순순히 신뢰한다. 더 나아가 좌파들은 테러리즘을 과잉 정치화해 때로는 거기에 숭고한 도덕적 의미마저 부여하려고 한다. 이때에 테러리즘은 단순한 범죄가 아니라 박제가 된 법체계와 현실의 구조적 모순 그 자체를 문

마이클 왈저
미국 프린스턴에 있는 고등연구소Institute for Advanced Study 교수이며, 진보적 정치평론지 《디센트Dissent》의 공동편집자이다. 《마르스의 두 얼굴》, 《정치철학 에세이》, 《전쟁과 정의》 등의 책에서 왈저는 논쟁적인 국제정치 이슈들을 도덕철학의 관점에서 매우 흥미롭게 논의하고 있다.

제 삼은 이른바 '숭고한 폭력'이다. 법이 담아낼 수 없는 도덕적 판단이 법 바깥에 있으므로, 모든 것을 법의 테두리 안에 담으려고 하는 현상유지적 힘에 맞서서 폭력은 불가피하게 '테러리즘'이라는 오명을 뒤집어쓰고서라도 행사될 수밖에 없다는 것이다.

변명의 문화

마이클 왈저

미국의 정치학자 마이클 왈저Michael Walzer(1935~)는 앞에서 언급한 테러리즘에 대한 상이한 태도들 가운데에 두 번째 태도, 즉 테러리즘을 직접적으로 옹호하지는 않으면서 그것을 단순히 범죄화하는 것에 맞서 그것의 구조적 원인과 테러리스트들이 표방하는 정치적 목표에만 초점을 맞춤으로써 결과적으로 그들에게 도덕적 면죄부를 부여하는 태도를 문제 삼는다. 그는 그러한 태도를 "변론과 변명의 문화a culture of excuse and apology"라고 부른다. 테러가 테러 행위자들이 선택할 수 있는 최후의 수단이며, 테러의 피해자가 과거에 범한 죄악이 현재의 테러 행위의 구조적 조건이 된다는 식의 주장들을 가리킨다.

왈저는 폭력을 전적으로 반대하는 근본주의적 평화주의와 무력 사용이 정치의 본질이라고 주장하는 입장 사이에서, 다시 말해 '정치 없는 도덕'과 '도덕 없는 정치'에 반대하며 도덕과 함께 정치를, 정치와 함께 도덕을 생각하려고 한다. 앞에서 우리는,

이미 실토했다시피, 테러리즘을 기술적 측면에서 '공포의 확산'과 관련해 살펴보았다. 그리고 도덕적 판단의 문제는 일단 괄호 안에 묶어두고, 마치 그렇게 해도 좋은 것처럼, 그렇게 테러리즘을 분석했다. 이제 왈저와 함께 지금껏 묶어둔 괄호를 풀고 도덕 문제를 함께 생각해보자.

왈저는 테러리즘의 핵심을 "공포를 만연시키기 위해 무고한 사람들을 무차별적으로 죽이는 것"이라고 정의한다. 그는 우리가 그것을 도덕적으로 사고하려고 할 때, 테러리즘이 무엇보다도 "무고한 사람들"을, 그것도 "무차별적으로" 죽이는 것이라고 판단한다. 앞에서 우리는 영국 내전 중에 반란을 선동한 신형군의 병사들을 크롬웰이 처벌할 때에 그들로 하여금 제비를 뽑게 해 '무작위로' 한 명만을 처벌한 것과 교실에서 본보기로 한두 학생에게 체벌을 가하는 것이 일종의 '테러'를 이용한 집단 내의 질서 유지 방법임을 살펴보았다. 여기에서 특정 희생자를 계획적으로 선택해 처벌하는 것과 무계획적으로, 임의로, 무작위로 선택해 처벌하는 것 사이의 차이에 주목할 필요가 있다. 그 무계획과 무작위가 전략적으로는 분명히 더 효과적이지만 도덕적으로는 어떤 행위를 정당하지 않게 만든다.

무고한 사람은 없다?

크롬웰의 처형 방식을 지켜본 군인들은 지휘관의 의도대로 처벌의 공포에 사로잡혀 반란의 꿈을 접을 수도 있다. 교사의 처벌 방식을 지켜본 학생들은 교사의 의도대로 체벌의 공포에 사로잡혀 수업 시간에 감히 떠들 엄두를 못 낼 수도 있다. 그러나 그러면서도 병사들과 학생들은 그러한 처벌 방식이 부당하다고 느낄 수 있다. 처벌받은 당사자는 일단 억울하다고 생각할 수 있다. 왜 나만 처벌하는가? 나와 마찬가지로 떠들고 장난친 학생들이 있는데, 왜 나만? 나와 함께 반란을 선동한 사람들이 있는데, 왜 나만? 즉 나만 잘못을 범한 것이 아니라는 것이다. 사회적으로 영향력 있는 사람들이 이러저러한 행실의 문제로 언론에 오르내리면 늘 하는 변명이 '억울하다', '나 혼자만 그런 것도 아니고, 사실상 사회적 관행인데······', '나를 표적 삼아 수사하여 매장시키려고 한다' 등이다. 모두가 유고한데 왜 나만 처벌하느냐? 너희 중에 죄 있는 사람만 나에게 돌을 던져라 하는 식이다. 이유 있는 항변이다. 처벌받지 않은 사람도 마찬가지로 처벌의 부당함을 느낄 수 있다. 운이 좋아 자신은 처벌 대상이 되지 않았지만, 자의적으로 선택된 한두 사람만 처벌받는 것이 다행으로 느껴지기보다는 부당하게 느껴질 수 있다. 애꿎게 처벌받은 사람에게 미안한 마음도 든다. 그러면 그 사람은 모두가 처벌받아야

'유고한' 사람들 가운데 일부에게 무작위로 폭력을 가하는 것과 '무고한' 사람들 가운데 일부에게 무작위로 폭력을 가하는 것을 구별해야 한다.

마땅하다고 생각하는 것일까? 이렇게 물으면 아마도 그게 무슨 벌까지 받아야 할 사안이냐며 도망갈 테지만.

일단 여기에서 우리는 '유고한' 사람들 가운데 일부에게 무작위로 폭력을 가하는 것과 '무고한' 사람들 가운데 일부에게 무작위로 폭력을 가하는 것을 구별할 필요가 있다. 전자가 공포의 확산이라는 메커니즘을 이용한다는 점에서 '테러'와 설령 유사할지라도, 그것은 도덕적으로 정당화될 수 없는 테러리즘과 다른 것이다. 그것은 오히려 피해자의 규모를 줄이는 지배의 합리적 방식이고, 그런 의미에서 또한 도덕적인 방식이다. 그것은 피해의 규모를 무작위로 키워 공포를 확산시키는 것과 분명히 구분되어야 한다. 오늘날 범죄자를 처벌할 때 기술적으로 동일한 죄를 범한 사람들을 모조리 체포해 처벌할 수 없으므로 단지 드러난 범죄자만을 처벌한다. 그러나 그렇다고 해서 우리가 그것이 범죄자에 대한 일종의 차별이므로 도덕적으로 올바르지 않다고 주장하지는 않는다. 성매매를 하다가 붙잡혀 처벌받는 사람들이 개인적으로 억울함을 느낄 수 있지만, 그래서 붙잡힌 사람만을 처벌하는 것이 사회적으로 부당한 것은 아니다. 오히려 모든 범죄자를 박멸하겠다고 나서는 것이 비합리적일 뿐만 아니라, 드러난 (현재적) 범죄자뿐만 아니라 모든 사람을 (잠재적) 범죄자로 취급하는 것이므로 도덕적으로 부당하다.

위에서 언급한 두 경우에서 우리가 전제한 것은 그들이, 즉 모반을 꾀한 군인들이나 수업종이 울린 이후에도 떠들고 장난친 학생들이 유고하다는 것이다. (실제로 그들을 유고하다고 볼 수 있는지 여부는 논외로 하자.) 그런 경우에도 우리는 그중에서 무작위로 몇 사람만을 처벌하는 것을, 그것은 오히려 처벌 대상을 줄인 것인데도, 그저 감정적으로 부당하게 여긴다. 그렇다면 하물며 그 사람들이 무고한 경우에 그 사람들에게 가해지는 폭력을 도대체 어떻게 도덕적으로 정당화할 수 있을까? 그런데 왜 우리는 무고한 사람에게 가해지는 테러를 그 어떤 추상적 논리로써, 예컨대 강자에게 대항하는 약자의 최후의 수단이라거나 피해자가 자초한 재앙이라는 식으로 변명하거나 옹호하려고 하는 걸까? 왜 도덕적인 문제에 관하여 애써 눈을 감으려고 하는 걸까?

    변명과 옹호의 문화에 젖어 있는 사람들은 이렇게 말한다. 테러리즘의 희생자들은 결코 '무고한' 사람이 아니라고. 이스라엘이 팔레스타인에, 미국이 베트남과 아랍, 중남미, 그리고 그 밖의 지역에, 일본 제국이 아시아 여러 나라들에, 구체제의 지배세력이 피지배자들에게, 자본가 계급이 노동자 계급에게 행한 악행들을 생각하면 그들은 결코 무고할 수 없다고 말한다. 그렇다면 과연 무고함과 유고함의 차이는 무엇일까? 테러리스트의 공격은 정말 '유고한' 사람들을 대상으로 이루어지는 것일까?

    교실 문을 열고 들어서는 교사의 눈에 띈 대책 없이 눈치 없는 몇몇 학생들은 '유고한' 것일까 '무고한' 것일까? 이러한 행동이 과연 무고한 것인지 유고한 것인지에 관해서는 분명히 판단이 엇갈릴 수 있다. 이때 교사는 물론 모른 척하고서 넘어갈 수도 있겠지만 눈에 띈 일부 학생만을 처벌하는 것과 반 학생 전체를 처벌하는 것 사이에서 결정을 해야 한다. 학생 전체를 처벌할 때 교사가 애용하는 정당화 논리는 이것이다. 무고한 사람은 없다! 연대 책임을 져야 한다! 왜? 같은 반 학생은 모두 하나이므로 동료의 문제를 함께 책임져야 한다는 것이다. 군대에서도 동일한 논리가 사용된다. 연대 책임! 한 사람의 낙오자가 발생하면 함께 책임져야 한다. 억울한 사람은 없다. 무고한 사람은 없다. 왜? 그 소속만으로 자동적으로 책임이 발생하므로. (이것이야말로 연좌제 아닌가?)

테러리스트들은, 그리고 무고한 사람은 없다는 그들의 주장에 공감하는 사람들은 위와 같은 연대 책임론을 주장하고 있는 것이다. 그러나 정말 어느 집단에 소속해 있다는 사실만으로 공동의 책임이 발생하는 것일까? 대한민국 국민이라는 것만으로 대한민국 정부가 가담한 그 어떤 행위에 대해 심지어 죽음으로써까지 책임져야 하는 것일까? 그리고 그런 책임을 우리 역시 누군가에게 물어도 좋은 것일까? 왈저는 '무고한innocent'의 반대말이 '참가하고 있는engaged'이라고 말한다. 구체적으로 어떤 행동에 참가하고 있지 않은 사람, 본인의 구체적 의지와 무관하게 그저 소속되어 있는 사람, 그런 사람을 우리는 '민간인civilians'이라

헝가리에서 일어난 백색 테러의 희생자 (1919)

고 부르는데, 그 사람들에 대한 무작위의 공격을 왈저는 '테러리즘'이라고 부르고, 표방되는 정치적 목적과 무관하게 그것이 도덕적으로 정당화될 수 없다고 주장한다. 그것을 만약 정당화하게 된다면 정치가 불가능해지기 때문이다.

'무고한 사람은 없다'는 말이 사실상 가리키는 것은 공존의 거부이다. 상대방과의 공존을 거부하고, 그 가능성 자체를 거부하고, 상대방을 아예 제거하려는 것이다. 행위와 무관하게 소속만으로, 사실 그 '소속'이라는 정체성 역시 모호할 뿐만 아니라 일방적으로 규정되는 경우가 허다한데, 그렇게 적을 관념적으로 구성하고 그 적을 모조리 제거하려고 하는 것은 지극히 반정치적이다. 그러한 반정치적 사고 속에서 적대 민족을 겨냥한 민족주의적 테러리즘과 이교도나 이단자를 겨냥한 종교적 테러리즘, 그리고 공산주의자나 모든 정치적 반대자에게 '빨갱이'라는 딱지를 붙이며 가하는 우익/백색 테러리즘이 생겨난다.

그것은 정말 최후의 수단인가?

테러리즘과 관련해 제기되는 또 하나의 변명은 그것이 약자들이 선택할 수 있는 최후의 수단이라는 것이다. 왈저는 이러한 변명을 단호하게 비판한다. 그는 테러리즘이 최후의 수단이기보다는 오히려 처음부터 선호된 수단이라고 말한다. 상상할 수 있는 다양한 수단들을 다 동원해본 후에 최종적으로 더 이상 다른 수단이 남아 있지 않음을 깨닫고 선택하는 수단이 아니라, 다만 관념적으로 그 최후성을 예단하고 맨 먼저 선택하는 수단이라는 것이다. 테러리스트들은 다양한 다른 수단들을 실천적으로 강구하지 않고 그저 머릿속으로만 검토한 후에 결론을 내린다. 이것이 자신들에게 남은 최후의 수단이라고.

우리는 이러한 장면을 상상해볼 수 있다. 사람들의 눈이 잘 닿지 않는 곳의 어느 건물 지하실에 몇몇 사람들이 모여 거사를 계획한다. 거사의 방식을 둘러싸고 논쟁이 이루어진다. 어떤 사람이 흥분을 하고, 다른 어떤 사람이 그 사람을 진정시킨다. 그들은 결국 누군가를 암살하기로, 또는 어느 공공 기관 건물에 폭탄을 투척하기로, 또는 폭탄을 몸에 두르고 버스에 올라타기로 결정한다. 누가 할 것인가? 그들 가운데 이미 자원자가 있거나 자원자들의 목록이 그들 손에 있다. 이제 일을 실행에 옮기기만 하면 된다. 이러한 장면에서 '최후의 수단'이란 도대체 무엇을 의미할까? 이 장면을 조금 더 길고 복잡하게 구성하면 그 결정의 관념적 최후성은 줄어들까?

여기에서 오사마 빈 라덴의 모습만을 떠올려서는 안 된다. 과연 안중근은? 윤봉길은? 이봉창은? 일본 제국의 강점을 비판하면서 테러 공격을 감행한 식민지 조선의 영웅들은 과연 그것을 (실천적인 의미에서) 최후의 수단으로서 선택했을까? 그저 머릿속으로 그것 이상의 선택 가능한 수단이 없다고 결론짓고 사실상 가장 먼저 그 방법을 선택하지는 않았을까? 이러한 질문을 던지는 것은 결코 그 영웅들이 추구한 조선의 독립이라는 정치적 목적을 부정하는 것도 아니고, 수단으로서의 무장 투쟁 일반을 비판하는 것도 아니다. 이러한 질문을 던지는 것은 다만 테러리즘이라는 수단을 쉽게 '최후의 선택'으로 정당화하려고 하는 우리의 지적 관행을 문제 삼는 것이다. 목적은 결코 자동적으로 수단을 정당화해주지 않는다.

그것은 정말 '약자'의 수단일까?

왈저는 또한 테러리스트들이 서로 다른 두 종류의 '약함weakness'을 혼동한다고 지적한다. 적으로 간주되는 제국이나 국가에 대한 해방 운동 세력의 약함과 민중들에 대한 그 운동의 약함을 혼동한다는 것이다. 왈저에 의하면, 테러가 '약자'의 최후의 수단이라는 테러리스트의 변명은 이 두 번째 약함을 첫 번째 약함으로 치환하는 것이다. 피억압 민족이나 세력이 억압적인 민족이나 세력에 대해서 약한 것은 사실이다. 그러나 그 사실이 약한 세력으로 하여금 테러리즘을 저항을 위한 최후의 수단으로 선택하지 않을 수 없게끔 하지는 않는다. 테러리즘을 '유일한' 선택으로 만드는 것은 강한 집단에 대항하는 집단의 약함이 아니라, 사실 그들이 정치적 목적을 이루기 위해 동원해야 할 대상인 민중에 대한 그들의 약함이다.

앞 장에서 테러리즘의 변화와 관련해 게릴라 전쟁이 과거에는 지역 주민의 지지에 근거했다고 설명했다. 마오쩌둥毛澤東(1893~1976)이 당을 물고기에, 인민을 바다에 비유하면서 항일 유격전쟁 중에도 당이 인민을 벗어나서는 안 되며 어디까지나 인민에 근거해 행동해야 한다고 한 것은 그 전쟁이 아직까지 정치적 의미의 맥락에서 벗어나지 않고 있었음을, 또 그러지 않아야 함을 그가 의식하고 있었음을 의미한다. 대중으로부터의 고립, 그것이 테러리즘, 즉 무고한 사람에 대한 무차별적 살상을 오히려 가능케 한다. 그것은 대중의 지지나 참여 없이도 가능하기 때문이다. 그런 의미에서 테러리즘은 군사적으로 연약해서 대중의 지지와 도움을 필요로 하는 약자의 수단이 아니라, 대중의 지지와 도움을 구할 수 없는 또는 구하려고 하지도 않는 정치적 약자가 가장 손쉽게 선택하는 수단이다.

혹시 우리는, 그래도 여전히, 너무도 강한 상대와 싸우는 경우를 생각하며 테러리즘을 최후의 수단이라고 여기지는 않는가? 미국 같은 초강대국을 상대로, 히틀러를 상대로, 일본 제국을 상대로, 혹은 그 어떤 적을 상대로 싸우기에 자신이 너무도 약하기

마오쩌둥 어록을 든 홍위병들

마오쩌둥毛澤東이 당을 물고기에, 인민을 바다에 비유하면서 항일 유격 전쟁 중에도 당이 인민을 벗어나서는 안 되며 어디까지나 인민에 근거해 행동해야 한다고 한 것은 그 전쟁이 아직까지 정치적 의미의 맥락에서 벗어나지 않고 있었음을, 또 그러지 않아야 함을 그가 의식하고 있었음을 의미한다……테러리즘은 군사적으로 연약해서 대중의 지지와 도움을 필요로 하는 약자의 수단이 아니라, 대중의 지지와 도움을 구할 수 없는 또는 구하려고 하지도 않는 정치적 약자가 가장 손쉽게 선택하는 수단이다.

총체적 테러

한나 아렌트는 《전체주의의 기원》에서 다음과 같이 말한다. "전체주의 정부에서 테러는 반대파의 진압을 위해 이용되기는 해도 단순히 반대파의 진압을 위한 수단은 아니다. 테러가 모든 반대와 무관하게 될 때 전체주의적이 된다. 아무도 방해받지 않을 때, 테러는 가장 위에 군림하며 통치하게 된다. 합법성이 비독재 정부의 본질이고 무법이 독재의 본질이라면, 테러는 전체주의 지배의 본질이다." 한나 아렌트, 《전체주의의 기원 2》, 이진우·박미애 옮김(한길사, 2006), 262쪽.

때문에 테러리즘에 기대는 것이 불가피하다고 생각하지는 않는가? 왈저는 이렇게 이야기한다. "전체주의 국가는 비폭력 저항이나 게릴라전뿐만 아니라 테러리즘에도 꿈쩍하지 않는다. 보다 정확하게 말하면 전체주의 국가에서 국가 테러는 다른 모든 종류의 테러를 지배한다." 한나 아렌트는 이러한 전체주의 국가의 테러를 '총체적 테러'라고 불렀다. 사실상 이러한 체제에는 테러리즘도 소용없다. (이것은 테러리즘을 끊임없이 '약자의 수단'이라는 말로써 쉽게 도덕적으로 정당화하려는 입장에 대한 비판이지, 결코 국가 테러리즘에 대한 저항 일민에 대한 비판이 아니다.) 앞에서 설명했다시피, 테러리즘이 전략적으로 기대는 것은 상대 국가의 제도적, 도덕적, 법적 제한이다. 즉 자유롭고 민주적인 국가에서 오히려 테러리즘이 전략적으로 효과를 발휘할 수 있다. 그런데, 그러한 곳에서는 어떠한 정치적 운동이 유의미한 정도의 대중적 지지를 얻는다면, 사실 테러리즘이 아닌 다른 전략들로도 얼마든지 일정한 성과를 얻을 수 있다. 따라서 적이 강하다는 사실만으로, 그리고 자신들이 물리적으로 약하다는 사실만으로 테러리즘에 호소하는 것이 양해되지는 않는다.

결국 모든 정치는 테러리즘이다?

테러리즘을 옹호하고 변명하는 논리, 즉 강자의 선행 죄악이 재

정치에서 도덕적 질문을 제거해버리면, 테러리즘과 도덕적으로 맞서 싸우는 것도 불가능해진다.

앙을 불렀다는 것과 테러리즘이 그 강자에 맞서 싸우는 약자의 최후의 수단이라는 것에 대해 우리는, 왈저와 함께, 그런 주장들이 도덕적으로 정당화될 수 없다는 반론을 제기할 수 있다. 그런데 이러한 도덕적 비판마저 무력화하는, 테러리즘을 옹호하는 최후의 변명이 하나 있으니, 그것은 모든 정치가 결국 테러리즘 아니냐는 냉소적 주장이다. 모든 정치 체제를 공포라는 수단에 의지하는 체제로 매도하고, 그럼으로써 자신들이 손쉽게 테러라는 수단을 채택하는 것을 정당화하는 것이다. 아니, 정당화라는 것이 애초에 불가능하다고 또는 불필요하다고 말함으로써 자신들의 선택을 부당하게 만드는 것을 피하는 것이다.

그런데 정말 모든 정치가 공포를 이용해 정치적 의지를 강요하고 억압하는 것일까? '유고한' 사람 가운데 일부를 공포의 방법으로 강제하는 것과 '무고한' 사람 가운데 일부를 공포의 방법으로 강제하는 것을 혼동하는 것은 아닐까? 둘 간의 경계를 모호하게 흐림으로써, 정당성 없는 자신들의 테러리즘과 정당성을 갖춘 공권력의 사용을 구분하지 않음으로써 모든 것을 테러리즘으로 만들고 동시에 자신들의 부도덕함을 희석하는 것은 아닐까?

모든 정치가 결국 테러리즘일 뿐이라는 주장은 정치적 냉소주의에 과도하게 기대고 있다. 그것은 정당성이 부족한 자신들의 정치, 대중적 지지를 결여한 자신들의 정치를 일반화하는 것이다. 정치에서 수단의 정당함과 상관없이 그저 지배하는 것만이 중요한 것은 아니다. 특히 오늘날, 정치에서 도덕적 질문을 제거해버리면, 테러리즘에 도덕적으로 맞서 싸우는 것도 불가능해진다.

2

도덕적으로 테러리즘에 맞서 싸우기

테러리즘에 대해 도덕적으로 판단하는 것이 어린아이들을 가르치듯이 그저 폭력이 나쁜 것이라고 말하는 것이 아니듯이, 테러리즘에 도덕적으로 맞서 싸우는 것도 단순히 비폭력으로 대응하는 것을 의미하지는 않는다. 테러리즘에 맞서 싸우기 위해서, 그것도 도덕적으로 맞서 싸우기 위해 우리는 무엇을 해야 할까? 폭력에 폭력으로 맞서는 것이 나쁘다거나 폭력은 또 다른 폭력을 낳는다고 말하는 것으로 충분하지 않다. 테러리즘에 맞서 싸운다는 것은 그것의 원인을 제거하는 것을 의미한다. 이것에 관하여 일국적인 차원에서 먼저 생각해보고 국제적 수준으로 논의를 확장해보자.

한 나라 안에서 반체제 세력에 의한 테러가 일어났다고 가정해보자. 이제 정부는 무엇을 해야 할까? 무엇보다도 먼저 정부는 그 범죄자를 찾아내어 처벌해야 할 것이다. 실정법의 테두리 안에서 테러는 그것이 표방하는 정치적 목적과 무관하게 범죄

경찰국가

경찰국가Polizeistaat는 17세기와 18세기에 유럽에서 등장한, 경제적으로는 중상주의 정책을 취하고 정치적으로는 전제적인 군주국가를 지칭하는 표현이었다. 중세 국가의 다원적이고 분열적인 면을 국가의 전제적 정책polizei을 통해 극복하려고 한 것이다. 국민의 자유를 보장하는 법치국가론의 등장으로 경찰국가론은 쇠퇴했다. 20세기에 '경찰국가'는 시민에 대한 사상경찰을 강화하고 국가 권력을 남용하는 나치 독일이나 이탈리아 파시즘 체제, 스탈린 전체주의 체제 등을 비난하는 표현으로 다시 사용되기 시작했다.

로 간주될 수밖에 없고 또한 그렇게 되어야 한다. 그리고 이러한 입장은 그들이 표방하는 정치적 목적에 공감하는 것과 상관없이 얼마든지 견지될 수 있다. 이때 테러리즘에 도덕적으로 맞서 싸운다는 것은 일차적으로 테러 범죄자를 어디까지나 적법한 절차에 따라 체포하고 처벌하는 것을 의미할 것이다. 그러면 이제 이것으로 충분한가?

절대 군주제를 상징하는 루이 14세

테러리즘을 배태하는 구조적 조건은 외면한 채 결과적으로 나타난 테러 행위에만 초점을 맞춘다면, 테러는 끊임없이 발생할 것이기 때문에, 우리는 테러리즘에 맞선 싸움에서 궁극적으로 이길 수 없을 뿐만 아니라, 더 나아가 오히려 테러리즘을 간접적으로 옹호한다는 비판을 받게 될 것이다. 왜 그럴까? 테러리즘이 국가의 경찰국가警察國家화를 부추기기 때문이다. 범죄가 경찰의 존재 이유가 되듯이 반체제 테러리즘은 체제 수호를 명분으로 시민의 자유를 제한하고 통제하는 경찰국가의 존재 이유가 된다. 경찰국가는 테러리즘의 원인 대신에 테러리즘이라는 결과적 현상에 맞서 싸우면서 자신의 존재를 과시하고 또한 자신의 존재 이유를 확인한다. 이러한 공범 관계가 성립하기 때문에 테러리즘에 맞서 싸우는 것을 단순히 국가의 경찰 업무로만 이해해서는 안 된다. 그것은 동시에 정치적 과제이기도 하다.

자유주의와 관용

자유주의는 타인이 가진 '맘에 들지 않는' 차이를 적극적으로 인정하지는 않지만, 최소한 폭력적으로 제거하거나 바꾸려고 하지 않는 '관용'에서 다양한 사람들의 공존의 가능성을 발견한다. 자유주의적 관용은 논리적으로 관용적이지 않은 타자를 관용하지 않는데, 이때 타자를 '관용적/불관용적' 존재로 누가 평가할 것이냐, 과연 그 평가가 문화적으로 중립적일 수 있느냐 하는 문제가 제기된다. 그러나 자유주의적 관용의 한계에 대한 비판이 곧바로 타자와의 공존을 거부하는 불관용적인 사회에 대한 옹호로 이어질 수는 없다.

정치적 폭력은 그 폭력에 정당성과 함께 의미를 부여하는 정치적 맥락 속에 있을 때에 그 사용 방식과 범위가 제한될 수 있다. 군이나 경찰의 폭력이 한 사회 안에서 민주적으로 통제될 때, 그것은 시민의 자유를 지키는 정당한 공권력이 되고, 그 사용 방식과 범위는 제한된다. 폭력이 정치적 의미 맥락을 잃어버리게 되면, 즉 폭력에 정당성을 부여해줄 시민들에게서 유리되면, 정치적 제약에서 자유로워진 폭력은 고유의 논리를 따라 파괴적으로 발전하게 된다.

민주주의의 미성숙이 군부 쿠데타와 국가 테러리즘을 불러오듯이, 일국 내의 정치 집단의 민주적 지지 기반 부재와 정치적 고립이, 그들의 공존을 거부하는 비타협적이고 비자유주의적인 이데올로기와 함께 그들의 입장의 급진화를 가져오고, 그들로 하여금 부족한 권력 자원을 비대칭적으로 만회하려는 유혹에 빠지게 한다. 대중에 대한 그들의 정치적 취약성이 테러리즘이라는 비대칭적 만회 전략을 채택하게 하는 원인이 되는 것이다. 그렇다면 이제 맞서 싸워야 할 대상은 두 가지이다. 하나는 그들의 정치적 고립과 그로 인한 의미 맥락의 부재이고, 다른 하나는 그들이 가지고 있는 공존을 거부하는 비타협적이고 비자유주의적인 이데올로기이다. 그러나 이 두 가지는 그것들에 맞서 싸우는 과정에서 다시 하나로 합쳐진다. 그들에게 정치적 의미 맥락을 부여하는 것은 그들의 정치적 운동이 체제 변화의 의미 있는 일국 내의 정치 집단의 민주적 지지 기반 부재와 정치적 고립이, 그들의 공존을 거부하는 비타협적이고 비자유주의적인 이데올로기와 함께 그들의 입장의 급진화를 가져오고, 그들로 하여금 테러리즘이라는 비대칭적 만회 전략을 채택하게 한다.

변수가 될 수 있도록 허용하고, 때로는 더 나아가 그렇게 되도록 적극적으로 돕는 것을 의미하는데, 그것의 전제 조건은 그들이 최소한 타인과의 공존을 인정해야 한다는 것이다. 현실에서 이러한 두 과정은 함께 일어난다. 타자와의 공존을 거부하는 세력은 더욱더 고립되어 끊임없이 폭력적인 수단에 의지하다가 결국 제거되거나 소멸되는 반면에, 어느 정도 정치적 입지를 확보한 세력은 점차 폭력적인 수단보다는 비폭력적인 수단을 선호하게 되고, 자연스럽게 다른 정치 세력들과 공존하게 된다. 따라서 테러리즘에 맞서 싸우는 일에서 공동의 정치적 의미 맥락을 형성하는 것보다 중요한 것은 없다. (분리된 인구 집단이 아니라) 동일한 인구 집단의 지지를 얻기 위해 경쟁해야 하는 상황보다 더 효과적으로 폭력을 통제할 수 있는 것은 없다. 그러나 이 과정은 양쪽 모두의 인내를 요구한다. 성과가 더디게 나타나기 때문이다.

국제적인 수준에서 정당하게 테러리즘에 맞서 싸우기

'테러에 맞선 전쟁'이라는 거창한 이름을 내걸고 아프가니스탄을 공격하면서 시작된 미국의 전쟁은 이라크로 그 전장을 넓히기만 했지 9·11 테러의 주범으로 지목된 오사마 빈 라덴을 체포하지도 대량 살상 무기를 찾아내지도 못한 채 여전히 지속되고 있다. 오히려 미국의 이 전쟁은, 그 기간이 길어질수록 커지

정당한 전쟁, 부당한 전쟁

초기 기독교의 신학자 아우구스티누스는 기독교 교리와 전쟁을 조화시키기 위한 이론적 노력으로 이른바 '정전론theory of just war'을 전개했다. 그의 이론은 16세기와 17세기에 일련의 자연법 이론가들에 의해 부활되었지만, 유럽에서 주권 국가 중심의 국제 질서가 들어서고 나서는 그 주권 국가를 초월한 도덕성의 판단자가 있을 수 없다는 주장에 의해 이내 비현실적 관념론 취급을 받게 되었다. 20세기에 두 차례의 세계대전을 겪으면서 전쟁을 다시 규범적 차원에서 논의하려는 시도들이 생겨났는데, 마이클 왈저의 《마르스의 두 얼굴―정당한 전쟁, 부당한 전쟁》은 이 문제에 관한 최근의 가장 탁월한 성과이다.

아프가니스탄에서 전쟁을 수행 중인 미군

는 자국 병사들의 인명 피해를 포함한 막대한 전쟁 비용 때문에도 그렇겠지만, 관타나모 수용소에서 미군이 포로들에게 저지른 학대와 아프가니스탄과 이라크에서 발생한 민간인 피해 때문에도 커다란 반대에 부딪혔다. 많은 미국인들이 이라크와 아프가니스탄에서의 철군을 정부에 요구했고, 또 그러한 희망을 가지고 민주당 대통령 후보 버락 오바마를 지지했다. 한국에서도 이 '추악한' 전쟁에 우리의 군대가 동원되어 있다는 사실에 격분하여 즉각적인 철군을 주장하는 목소리가 나왔다.

즉각적인 철군을 주장하는 대부분의 사람들은, 미국에서나 한국에서나, 다음의 세 가지 근거를 든다. 첫째로, (아프가니스탄 전쟁은 몰라도) 이라크 전쟁은, 최근에 〈그린존〉(감독 폴 그린그래스, 2010)이라는 영화가 다시 한번 우리를 망각의 늪에서 꺼내준 것처럼, 개전의 근거가 된 대량 살상 무기가 발견되지 않았다는 점에서, 애초부터 부당한 전쟁이었다는 것이다. 둘째로, 아프가니스탄 전쟁과 이라크 전쟁은 그 과정에서 포로를 부당하게 대우하고 민간인에게 피해를 끼쳤다는 점에서 매우 부당한 방식으로 수행된 전쟁이었다는 것이다. 그리고 셋째로, 이 두 전쟁은 즉각적인 승전 선언이 무색하게 여전히 끝날 줄 모르고 지루하게 지속되고 있으며, 오히려 더욱 빈번해진 테러 공격으로 인해 비용만 증가하고 있다는 것이다. 그렇다면 우리는 아프가니스탄과 이라크에서 즉시 철군해야 할까? 그것이 국제적 수준에서 테러리즘에 도덕적으로 대응하는 것일까?

마이클 왈저는 전쟁에 대한 도덕적 판단을 세 개의 국면으로 나누어 내려야 한다고 주장한다. 먼저 우리는 어떤 전쟁이 정당하게 시작되었는지(jus ad bellum) 따져볼 수 있다. 다음으로 그 전쟁이 정당하게 수행되었는지(jus in bello) 따져볼 수 있다. 그리고 마지막으로, 앞의 두 가지 기준과 마찬가지로 중요한 것인데, 그 전쟁이 끝난 후에 정당하게 뒷수습이 이루어졌는지(jus post bellum) 반드시 따져보아야 한다. 전쟁에 대한 이와 같은 방식의 세분화한 도덕적 판단은 '테러리즘에 대한 전쟁'에도 마찬가지로 적용되어야 한다.

왈저는 앞에서 언급한 즉각적인 철군을 주장하는 사람들과 마찬가지로 오늘날 치러지고 있는 미국의 전쟁이 부당한 전쟁이라고 생각한다. 적어도 이라크 전쟁은 부당하게 개시되었으며, 전쟁의 수행 과정에서도 상당히 많은 문제점들이 드러났기 때문이다. 이라크 전쟁은 개전의 정당성이나 전쟁 수행의 정당성 측면에서 전적으로 부당한 전쟁이며, 아프가니스탄 전쟁은 개전에는 약간의 정당성이 있지만 그 수행 과정에서 적지 않은 문제점을 드러낸, 부분적으로 부당한 전쟁이라는 것이다. 그러나 왈저는 그렇다고 해서 미군이나 우방국의 군대가 그곳에서 즉각 철수해야 한다고 생각하지 않는다. 그 이유는 그가 그것을 도덕적으로 올바르지 않다고 여기기 때문이다. 첫 단추가 잘못 끼워진 전쟁이라고 해서, 또 전쟁 수행 중에 용서받지 못할 실수를 저질렀다고 해서, 무책임하게 그곳에서 떠나는 것이 그곳에 남아 기약 없는 전쟁을 벌이는 것보다 더 도덕적이라고 생각하지 않기 때문이다.

앞에서 나는 일국적 수준에서 테러리즘과 맞서 싸우는 것이 단지 그 현상을 제거하는 것이 아니라 그 원인을 치유하는 것이어야 하며, 그것은 테러리즘을 정치적 목적을 달성하기 위한 수단으로서 성급하게 이용하려는 집단에게 정치적 의미 맥락을 만들어주는 것이므로 양측 모두에게 인내를 요구하는 지루한 과정이라고 설명했다. 마찬가지로 국제적 수준에서 테러리즘에 맞서 싸우는 것 역시 단순히 전투에서 이기는 것을 의미하지 않고, 정치적 맥락을 잃어버린 현재적·잠재적 테러리스트 집단에게 궁극적으로 다시 그 맥락을 찾아주는 것을 의미한다. 그렇다면 그 일에는 매우 많은 시간과 비용이 소요될 수밖에 없다. 바로 이러한 관점에서 왈저는 '점령' 그 자체에 반대하기보다 어떻게 점령을 도덕적으로 '정당하게' 만들 것이냐에 관심을 모아야 한다고 주장한다. 많은 미국인들이, 그리고 한국인들이 어떻게 아프

네오콘과 레짐 체인지

아버지와 아들 부시 행정부에서 강경한 대외정책을 주도한 미국의 신보수주의자들neo-conservatives, 일명 '네오콘'은 과거의 보수주의자들과 다르게 매우 포괄적인 의미의 '정체regime'를 도덕적으로 올바른 모습으로 바꾸는 것을 적극적으로 추구한다. 다분히 음모론적으로, 정치철학자 레오 슈트라우스를 대부로 삼는 '네오콘'이라는 단일한 권력 집단이 부시 대통령 시기에 미국의 팽창적 대외 정책을 주도했다고 주장하는 사람들도 있지만, 프란시스 후쿠야마는 그런 단일한 교의나 집단이 있음을 부정하고, 심지어 그 시기의 미국 대외 정책이 일부 관계자의 단순한 판단 착오에서 비롯한 것이라고 주장한다.

가니스탄과 이라크라는 수렁에서 잘 빠져나올 것인가를 고민할 때, 왈저는 그 나라의 시민들에 대한 미국의 도덕적 책임을 강조한다. 그렇다면 우리 한국인에게는 아무런 도덕적 책임이 없을까? 우리가 저지른 일이 아니라고 말하는 것으로 우리의 도덕적 책임이 사라지는 것일까? 미국과 한국의 군대는 각국의 전략적 판단에 따라 계속 그곳에 머무를 것이고 또 언제 그랬냐는 듯 그곳을 슬쩍 떠날 것이다. 그러나 그렇다고 해서 우리 시민들 역시 정부의 그 전략적 판단만을 따라야 할 이유는 없지 않을까? 그 사람들에 대한 우리의 도덕적 의무가 무엇인지를 생각해보아야 하지 않을까?

이 지점에서 한 가지 제기되는 반론은 마치 도덕적이고 인도주의적인 것처럼 묘사되는 외국 군대의 주둔이 사실상 정치적·문화적 제국주의의 다른 표현에 불과한 것 아니냐는 것이다. 국내적으로나 국제적으로 다른 사람들과 공존이 가능하도록 특정 국가를 변형하려는 것이 이른바 '레짐 체인지'를 주장하는 미국 네오콘의 입장과 근본적인 의미에서 뭐가 다르냐는 것이다. 비서구 사회에 롤스식의 '자유로운' 정치적 맥락이 형성되도록 돕는 것은 과연 진정으로 그들의 자립을 돕는 것일까, 아니면 문화적으로나 정치적으로 친미적이고 친서방적인 국가를 건설하는 것일까? 이 질문에 답하는 것은 결코 쉽지 않다. 분명한 것은 테러리즘과 같은 타인과의 공존을 거부하는 극단적인 정치폭력이,

네오콘을 풍자한 그림. 미국 공화당의 마스코트인 코끼리가 석유 송유관을 연상시키는 성조기에서 돈을 빨아들이고 있다

표면적으로 무엇을 그 원인이라고 주장하건 간에, '자유롭지 않은' 사회에서 등장하며 그 사회의 '자유롭지 않은' 상태를 정당화의 구실로 삼는다는 것이다. 한편으로 우리는 테러리즘의 온상이 되고 있는 사회의 '자유롭지' 못한 상태를 불편해하면서도, 다른 한편으로 그 사회를 '자유롭게' 하는 것이 우리의 문화적 편견에서 비롯한 것일까 두려워서 개입을 주저하게 된다. 그러나 우리가 주저하는 사이에 우리가 현실에서 목격하는 것은 그곳에서 발생하는 정파 간의 갈등, 곧 외부의 힘을 빌려 그 사회를 자유롭게 만들려는 정파와 토착 세력의 지원을 등에 업고 그것에 반대하려는 정파 간의 갈등이다. 이 과정에서 테러리즘은 다시금 창궐한다. 우리가 현재 목격하고 있는 이라크의 모습도 이와 같다. 이 진부하고 지루한 과정을 지켜보다가 우리는 도덕적으로나 지적으로 매우 게으르게도 전쟁이나 철군을 주장하고 선택한다.

다시 한번 논의의 출발점으로 돌아가 보자. 우리는 우리의 행위와 그것을 둘러싸고 있는 주변 세계에 대해 끊임없이 도덕적인 질문을 던질 수 있어야 한다. 그것들은 과연 도덕적으로 옳은가? 이 질문을 포기하는 순간에, 정치는 적과 동지를 구분하는 것이며 적의 적은 동지이고 적의 동지는 적이라는 식의, 매우 조

테러리즘을 도덕적으로 비판하는 것은 그러한 수단을 통해 달성하려는 정치적 목적을 부정하는 것이 아니다. 테러리즘을 도덕적으로 비판할 수 있을 때에 오히려 우리는 정당하지 않은 방법으로 테러리즘에 맞서 싸우는 것 또한 비판할 수 있다.

야한 의미의 정치로 모든 것이 환원되어버린다. 테러리즘을 도덕적으로 비판하는 것은 그러한 수단을 통해 달성하려는 정치적 목적을 부정하는 것이 아니다. 우리는 목적을 부정하지 않으면서도 얼마든지 수단을 비판할 수 있다. 테러리즘을 도덕적으로 비판할 수 있을 때에 오히려 우리는 정당하지 않은 방법으로 테러리즘에 맞서 싸우는 것 또한 비판할 수 있다. 기존 권력에, 또는 테러리즘에 어떻게 맞서 싸우는 것이 도덕적으로 올바른 것인지 질문하지 않고 선험적으로 이러저러한 올바름을 전제하는 것이야말로 자유의 가장 위험한 적이며 테러리즘에 가장 우호적인 토양이다.

인도적 군사 개입의 도덕성

한밤중에 옆집에서 비명 소리가 들린다. 술에 취한 남편이, 아버지가 아내와 자식을 때리고 있다. 어떻게 해야 할까? 다른 일로 옆집이 시끄럽게 했다면 당장 찾아가 항의를 했겠지만, 지금은 뭔가 폭력적인 사태가 일어나고 있는 것 같아서 쉽게 항의할 용기가 나지 않는다. 그런데도 계속해서 들려오는, 물건들이 깨지는 소리와 비명 소리에 무슨 일이라도 나는 것은 아닌지 괜히 불안하고, 당장 도와줄 수 없다면 신고라도 해야 하는 것은 아닌지 고민도 된다. 어떻게 해야 할까? 이때 경찰에 신고하거나, 옆집 문을 강제로 열고서라도 직접 들어가서 위급한 상황에 처해 있는 사람을 구하려는 사람은 남의 집 일에 간섭하는 자신의 행동을 어떻게 정당화할까? 그러한 행동은 과연 선한 일일까, 아니면 주제넘는 일일까? 그러한 강제 개입은 우리의 도덕적 의무일까, 아니면 권리일까?

독재 정부가 군대와 경찰을 동원해 일부의 자국민에게 조직적으로 테러를 가하는 것을 '국가 테러리즘'이라고 부른다. 이웃 나라에서 이런 일이 발생한다면 우리는 과연 어떻게 해야 할까? 가장 좋기는 그 나라 사람들이 어떻게 해서든 스스로 그 문제를 해결하는 것이지만, 그렇게 되기를 기다리다가 돌이킬 수 없는 희생이라도 발생한다면, 그때의 방관이 도덕적으로 정당화되기는 어려울 것이다. 이런 긴급한 상황이 바로 인도적 군사 개입을 요구하는 상황이다. 언제든지 신고가 들어오면 출동할 수 있는 경찰이 있다면 좋겠지만, 그러한 국제경찰이 준비되어 있지 않고, 있다고 하더라도 출동하는 데에 시간이 오래 걸린다면, 그래서 무턱대고 기다렸다가는 돌이킬 수 없는 인명 피해가 발생할 수 있다면, 이웃한 국가가 군사적으로 개입하는 것이 설령 그것이 타국의 주권을 침해하는 것이더라도 정당할 수 있다. 그래서 1980년 5월에 광주의 시민들은 미국이 개입해주기를 기다렸고, 미군의 항공모함이 한반도를 향해 오고 있다는 소문에 헛되이 기뻐했다.

광주 시민들에게는 군사 개입 같은 외부의 도움을 받을 권리가 있다고 얘기할 수 있을까? 그 권리는 무엇에서 비롯할까? 우리에게는 위험에 처한 이웃을 도울 권리는 물론, 의무도 있다고 얘기할 수 있을까? 도움을 받을 권리와 도움을 줄 의무가 이러저러한 법률적 주장에 의해 정당화될 수도 있을 것이다. 그러나 근본적으로 그 권리와 의무는 피해자가 도움을 받지 못했을 때에 우리가 느끼게 될 부끄러움에서 비롯한다. 그 부끄러움에서 우리의 의무가 생겨나고, 우리의 의무에서 그들의 권리가 생겨난다. 그렇다면 필요한 것은 무엇보다도 위급한 상황에 처한 이웃이 구조되지 않았을 때에 우리로 하여금 부끄러움을 느끼게 하는, 그들과 우리 간의 정서적 연관성일 것이다. 지구적으로 증가하는 상호 연관성이 오늘날 집단 학살 같은 일이 일어난 이웃 나라에 우리가 개입하는 것을 의무로 만든다. 그들이 제때에 구조받지 못했을 때에 느끼게 될 부끄러움이 우리로 하여금 희생을 감수하고서라도 개입하게 만드는 것이다.

문제는 지구적 상호 연관성이 단순히 정서적인 면에만 국한되지 않는다는 것이다. 오늘날 사람들이 지구적으로 맺는 상호 연관성은 정치적·경제적이기도 해서, 때로는 이러한 연관성이 크지 않으면, 설령 도덕적으로 부끄러움을 느끼더라도, 감수해야 할 희생을 생각해 필요한 때에 개입하지 않는 일도 생겨난다. 그래서 차라리 정치적·경제적 이익이라도 걸려 있는 것이 긴급한 개입을 필요로 하는 사람들 입장에서는 더 나을 때도 있다. 그렇다면 정치적·경제적 이익'도' 걸려 있어서 인도적 군사 개입을 하는 나라를 비도덕적이라고 비난할 수 있을까? 오히려 아무런 이익도 걸려 있지 않아서 개입하지 않고 끔찍한 결과가 발생하는 것을 방관하는 것이 더 비도덕적이지는 않을까? 오늘날 인도적 군사 개입이 현실적으로 우리에게 던지는 질문이다.

5장

오늘날 우리에게 무엇이 테러인가

미국 '제국'과 테러

2001년 9월 11일의 테러 사건과 그것을 계기로 (혹은 빌미로) 이루어진 미국의 아프가니스탄과 이라크에 대한 공격은 '제국'이라는 개념을 다시금 새롭게 미국과 연결시켰다. 물론 그전에도 미국과 제국을 연결시키는 논의가 없었던 것은 아니다.

냉전 시대에 미국을 소련이라는 '악의 제국'에 맞서는 '선한 제국' 또는 우방들이 '초대한 제국'으로 간주하는 논의들이 있었는가 하면, 그 반대로 미국을 마르크스-레닌주의적 의미의 제국주의 국가로, 다만 식민지를 정치적으로 직접 통치하는 대신 경제적으로 간접 통치하는 '신식민주의적' 제국주의 국가로 묘사하는 논의들이 있었다. 그리고 이러한 논의들은 9·11 테러와 뒤이은 전쟁들에 대한 해석으로도 이어졌다. 우파들은 과거와 마찬가지로 마니교적 이분법에 근거해 9·11 테러를 '선한 제국' 미국에 대한 '악한 세력'의 공격으로 여기고 그에 맞선 '십자군 전쟁'을 주장했다. 그 반면에 좌파들은 9·11 테러를 제3세계에 대한 미국의 오랜 제국주의적 지배의 필연적 결과로 여기고 이 사

"다음 공격 목표는 이란!" 전쟁에 대한 미국의 강력한 의지를 풍자한 포스터

태를 반성의 계기로 삼을 것을 주문했고, 이어진 아프가니스탄과 이라크에 대한 미국의 침략을 강도 높게 비판했다. 이들의 시각을 따르면 새롭게 등장한 국제 테러리즘은 냉전 시대 이래 지속되어온 미국의 제국주의적 대외 정책의 산물이다. 실제로 미국이 소련에 맞서는 과정에서 은밀하게 미래의 국제 테러리스트가 될 전사들을 길러냈을 뿐만 아니라, 전 세계에 대한 미국의 군사적·경제적 지배의 결과로 궁핍해진 지역에서 또한 반미적·반자본주의적 테러리스트 후보자들이 끊임없이 공급되고 있다는 것이나.

그 원인이 무엇이건 간에 기존의 논의들이 국제 테러리스트 조직의 존재와 그 위협을 사실로 인정하는 것과 다르게, 프랑스 역사학자 에마뉘엘 토드Emmanuel Todd는 미국이 의도적으로 '탈장소적인' 국제 테러리스트 네트워크의 존재를 부각시키고 있다고 지적한다. 소련이라는 적이 사라진 세계에서 자신이 더는 '초대받지' 못하는 현재의 상황을 순순히 받아들이지 못하는 미국이 자신의 쓸모를 자신에게나 다른 나라들에게 확인시키기 위해 실체가 불분명한 국제 테러리스트 조직이 마치 실재하는 세력인 것처럼, 그것도 전 세계적으로 퍼져 있는 매우 위험한 세력인 것처럼 그 지위를 격상시켜 묘사함으로써 그에 맞서는 미국의 전쟁을 정당화하고 있다는 것이다. 그러나 그러한 세력은 탈장소적이기 때문에 실제로 전쟁은 아프가니스탄이나 이라크 같은 영

유동하는 공포

폴란드 출신 영국의 사회학자 지그문트 바우만 Zygmunt Bauman은 근대 사회의 불안정하고 예측과 통제가 어려운 상태를 '액체적' 또는 '유동적'이라고, 그리고 이런 액체 같은 유동적 근대 사회에 퍼져 있는 '언제 어디에서나 출렁이는 위험'에 대한 인간의 불안과 공포를 '유동하는 공포'라고 불렀다.

토 국가들을 상대로 할 수밖에 없다. 미국이 이러한 소국들만 상대로 전쟁을 치르는 것을 토드는 '연극적 군사주의'라고 부른다. 전 지구적 차원의 '유일 초강대국' 미국은 자신의 힘을 상징적으로 보여주기 위해 폭력적인 연극을 무대에 올린다. 국제 테러리스트 네트워크의 '신화적' 존재는 액체처럼 '유동하는 공포'가 되어 냉전 시대의 제국적 지위를 그리워하는, 그러나 이제는 군사적으로나 경제적으로 허약하여 실질적으로 제국이 될 수 없는 미국의 '연극적' 제국화의 빌미가 되고 있는 것이다.

'전도된 전체주의'와 공포

토드가 '테러'를 미국이 제국적 활동을 위해 이용하는 가상적 알리바이로 이해하는 반면에 미국의 정치학자 셸던 월린 Sheldon S. Wolin은 테러를 제국이 되어버린 미국이 통치의 수단으로서 자국민에게 직접 가하는 것으로 이해한다. 민주주의자 월린은 오늘날의 미국이, 특히 부시 행정부하에서의 미국이 전체주의화했다고 비판한다. 그리고 그러한 변화의 대외적 표현이 초강대국 미국의 제국적 팽창이라고 주장한다. 월린은 나치 전체주의 체제와 비교하면서 오늘날의 미국을 위아래가 뒤집힌 '전도된 전체주의 inverted totalitarianism' 체제라고 부른다.

월린에 의하면 나치 전체주의가 국가주의적이었다면, 전도된 전체주의는 자본주의적이다. 나치 전체주의에서 국가 권력이 기업들을 통제했다면, 전도된 전체주의에서는 기업 권력이 오히려 국가를 비롯한 모든 정치적 기구들을 통제한다. 나치 전체주의가 자유주의 문화가 깊게 뿌리를 내리지 못한 곳에서 그 문화를 억압하면서 등장했다면, 전도된 전체주의는 자유주의와 민주주의가 두 세기 이상 작동해온 곳에서 등장했다. 나치 전체주의가 인종주의적 이데올로기를 통해 획일적 전체가 되기를 추구했다면, 전도된 전체주의는 '비용-효율성cost efficiency'이라는 이데올로기를 통해, 굳이 나치처럼 비효율적으로 노예 노동을 착취하지 않으면서도, 노동자를 수탈하고 사회의 획일적 전체화를 추구한다. 나치 전체주의가 시민들을 정치적으로 동원했다면, 전도된 전체주의는 과거의 민주화 경험을 어설프게 칭찬하면서 그 시민들을 탈정치화한다. 나치 전체주의가 대중에게 집단적 힘과 자신감을 불어넣었다면, 전도된 체제주의는 대중을 정치적으로 냉담하게 만들며 무력감을 느끼게 하고 철저히 개인화해 집단적으로 쓸모없게 만든다. 나치 전체주의가 대중을 조작된 국민투표의 장에서 열정적으로 '예'라고 대답하게 하기 위해서 끊임없이 동원했다면, 전도된 전체주의는 대중이 아예 투표하지 않도록 '정치적으로' 탈동원한다.

일찍이 한나 아렌트는 테러가 전체주의적 지배의 본질이라고 지적하면서 전체주의 체제에서 실정법의 자리를 차지하는 이 테

나치의 군중집회

나치 전체주의가 시민들을 정치적으로 동원했다면, 전도된 전체주의는 과거의 민주화 경험을 어설프게 칭찬하면서 그 시민들을 탈정치화한다. 나치 전체주의가 대중에게 집단적 힘과 자신감을 불어넣었다면, 전도된 체제주의는 대중을 정치적으로 냉담하게 만들며 무력감을 느끼게 하고 철저히 개인화해 집단적으로 쓸모없게 만든다. 나치 전체주의가 대중을 조작된 국민투표의 장에서 열정적으로 '예'라고 대답하게 하기 위해서 끊임없이 동원했다면, 전도된 전체주의는 대중이 아예 투표하지 않도록 '정치적으로' 탈동원한다.

러를 '총체적 테러'라고 불렀다. 월린은 이 총체적 테러의 목적이 자국민 일반을 상대로 직접 폭력을 행사하는 것이 아니라, 모든 것에 스며드는 '공포의 분위기'와 막연한 '고문의 소문'을 통해 사람들을 고립시키고 사람들의 사고를 마비시키며 사람들이 자유롭게 행동할 수 없게 만들어 궁극적으로 영구적인 전쟁과 제국적 팽창, 그리고 그것을 위한 희생에 사회 전체를 동원하는 것이라고 말한다. 그리고 월린은 부시 행정부가 2003년에 이라크에 대한 '예방적' 전쟁을 앞두고, 통상 전쟁을 준비하는 국가들이 하듯이 국민들을 단결시키고 국민들에게 용기를 불어넣기보다, 오히려 공포의 분위기와 테러의 소문을 퍼뜨림으로써 국민들을 소심하게 만들었으며 탈정치화했다고 비판한다. 월린은 오늘날의 자본주의 국가들이 전도된 형태의 전체주의 체제로 변해가는 경향을 보이는 것을 염려하면서 그 징후로서 사회의 탈정치화, 시민의 무력화, '공포'의 확산 등을 꼽는다. 월린에게 '테러'는 개인을 고립시키고 시민의 행위 능력을 빼앗아 민주주의를 약하게 만드는 원인이자, 그렇게 해서 등장하는 전도된 전체주의 체제의 지배 수단이다. 또한 민주적 통제의 약화와 체제의 전체주의화는 초강대국 미국의 제국적 팽창의 조건이 되기도 한다.

유동하는 공포, 가상의 공포

2010년 3월, 대한민국의 한 대학생이 자퇴를 선언했다. 그 학생이 쓴 〈나는 오늘 대학을 그만둔다, 아니 거부한다〉라는 제목의 대자보는 오늘날 평범한 대한민국의 청년들 사이에서 어떠한 공포가 유동하고 있는지를 슬프게도 잘 보여준다. 그것은 글로벌 시대의 인재로서 자신을 '빛내지 못하면' 그저 '빛이나 지면서' 월 평균 수입 '88만 원'을 받는 비정규직 신세를 평생 면치 못하게 되리라는 공포이다. 20대 청년들이 가지고 있는 낙오에 대한 이러한 공포는 그들이 성인이 된 후에 새롭게 생겨난 것이 아니다. 그들은 이미 20여 년을 경주마처럼 달리면서 살아왔다. 함께 질주하는 다른 동료들을 제치고 앞질러 가지 못하면 자신이 뒤처지게 되리라는 불안감에 시달리면서. 그러나 대학 입학이라는 하나의 관문을 통과하자 각종 자격증 취득과 취업이라는 또 다른 관문이 그들을 기다리고 있다. 계속해서 경주마처럼 끝이 보이지 않는 트랙 위를 달려야만 하는 것인지 의심하는 청년에게 사람들은, 그리고 청년 자신도, 학습된 두려움과 불안 속에서 이렇게 말한다. '자격증도 없이, 대학 졸업장도 없이 도대체 무엇을 할 수 있겠는가?'

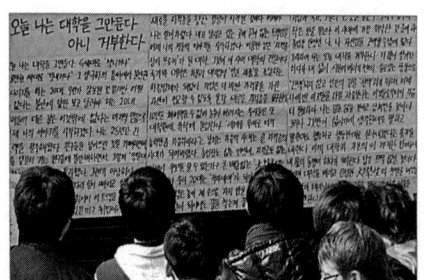

김예슬이 자신이 재학 중이던 고려대학교 게시판에 붙인 자퇴 선언문(2010년 3월 10일)

오늘날 평범한 대한민국의 청년들 사이에서 유동하고 있는 것은 글로벌 시대의 인재로서 자신을 '빛내지 못하면' 그저 '빛이나 지면서' 월 평균 수입 '88만 원'을 받는 비정규직 신세를 평생 면치 못하게 되리라는 공포이다.

학습된 공포, 가상의 공포가 우리들을 사로잡고 있다. 그 공포는 어떠한 실제적 폭력의 유무와 무관하게 미디어를 통해 생산되고 확산되고 있다. 오늘날 대중 미디어는 광고라는 이름으로 무차별적으로 공포를 유포시키고 있다. 갑작스러운 사고에 대한 공포, 병든 노년에 대한 공포, 비참한 죽음에 대한 공포를 유포시키고 있다. 대중 미디어는 또한 뉴스라는 이름으로 무차별적으로 공포를 유포시키고 있다. 사이코패스 범죄자들이 우리 주위를 맴돌고 있다는 공포, 도착적 성범죄자들이 우리의 자녀들을 노리고 있다는 공포, 파업이나 시위가 가뜩이나 어려운 국가 경제를 더 어렵게 만들지 모른다는 공포, 북한의 미치광이 독재자가 언제 남한을 침략할지 모른다는 공포를 유포시키고 있다. 공포는 대중 매체를 통해 그저 확산되는 것이 아니라, 오히려 대중 매체를 통해서 생겨난다.

2010년 3월 26일, 서해 백령도 부근에서 대한민국 해군의 초계함인 천안함이 침몰하는 사건이 발생했다. 정부가 그 침몰 사건의 원인을 공식적으로 발표하기도 훨씬 전에 이미 그 사건을 북한에 의한 '테러' 공격이라고 규정한 사람들이 있었다. 북한이 남한 사회에 공포를 퍼뜨리기 위해 그러한 공격을 은밀하게 감행했다는 것이다. 그러나 사건 발생 후 2~3개월 동안 진정 한국 사회에 공포를 퍼뜨린 것은 누구였나? 진정 그것이 남한 사회에 공포를 확산시키기 위한 북한의 (혹은 그 어떤 적대 집단의) 공격

모든 것이 화폐 가치로 환산되는 시장에서 남들보다 조금이라도 더 나은 경쟁력을 갖추기 위해 사람들은 자기 자신에게 투자하고 심지어 엄마 배 속에 있는 자식에게도 투자하고, 그 리스크를 관리한다.

이었다면, 대한민국 정부는 오히려 그 공포의 확산을 최대한 차단하려고 노력했어야 마땅하다. 그것이 적의 의도대로 사태가 흘러가는 것을 막는 길일 것이다. 그러나 실제로 공포를 확산시킨 것은 누구였나? 자신의 정치적 목적을 위해 공포를 확산시킨 것은 과연 누구였나? 북한이었나, 남한 정부였나, 언론 매체였나? 진짜 테러리스트는 과연 누구인가?

공포의 상호성과 테러

월린의 암울한 비전 속에서 현대 사회의 전역에 스며들어 있는 공포의 분위기는 사람들을 개별화하고 고립시키며 무기력하게 만들고 탈정치화한다. 그 결과, 민주주의에 대한 신뢰는 점차 약해지고, 사람들은 오직 자신의 경쟁력만을 믿게 된다. 모든 것이 화폐 가치로 환산되는 시장에서 남들보다 조금이라도 더 나은 경쟁력을 갖추기 위해 사람들은 자기 자신에게 투자하고 심지어 엄마 배 속에 있는 자식에게도 투자하고, 그 리스크를 관리한다. 사람의 삶과 생명 자체가 철저하게 자본주의적으로 규정될 뿐만 아니라, 자본주의적으로 구성되고 있는 것이다. 인간의 삶과 생명 자체를 일정한 방식으로 규정하고 구성하는 이 권력을 프랑스 철학자 미셸 푸코Michel Foucault는 '생명권력biopouvoir' 이라고 불렀다.

다중

정치사상가 홉스와 스피노자는 근대 국가 수립의 주체, 즉 계약의 당사자가 될 수 있는 추상적 주체인 '인민populus'과 대조되는 의미에서 계약 체결 이전의 구체적인 다수 인간들을 '다중multitudo'이라고 불렀다. 네그리와 하트는 근대의 국가 이론이 전제하는, 다양성과 개별성이 제거된, 추상적 '인민' 개념 대신 주권 국가의 통제에서 벗어난, 획일적이고 집합적인 '대중'과도 구별되는, 다양성과 개별성을 지닌 '다중'을 새로운 혁명의 주체로 재개념화한다.

안토니오 네그리Antonio Negri와 마이클 하트Michael Hardt는 오늘날 우리들의 삶을 규정하고 구성하는 권력이 전 지구적으로 확장된 자본주의를 통해 마찬가지로 전 지구적으로 작동한다고 주장한다. 그리고 이 권력, 사람들을 통제하고 사람들의 몸을 통제하고 사람들의 삶 자체를 통제하는 이 권력을 '제국'이라고 부른다. 네그리와 하트에 의하면 이 제국은 삶에 대한 국가의 통제를 벗어나 자유롭게 살려는, 그래서 지구적으로 흩어지는 다중의 '저항'에 맞서기 위해 구성된 것이다. 그런 의미에서 이 제국은 (팽창한 주권을 의미하는) 전통적 외미의 제국과 전혀 다른 것이다. 심지어 미국도 이 제국 안에서는 단지 하나의, 다만 경찰의 역할을 하는 국가에 불과하다. 이 지구 제국 안에서는 9·11 테러 같은 형태의 폭력만이 '테러'가 아니다. 지구적 자본주의의 재생산을 방해하는, 그래서 자본에 '공포'가 되는 모든 것이 '테러'로 규정되고 '예방 전쟁'의 대상이 된다. 토드의 경우와 유사하게, 여기에서도 '테러'는 제국적 전쟁의 빌미가 된다. 통제되지 않는 다중으로 인해 지배가 안정적으로 재생산되지 못하는 미래에 대한 공포가 예방적인 처벌의 원인이 되는 것이다. 이 지점에서 네그리와 하트는 역으로 미래에 대한 낙관적 전망의 근거를 찾기도 한다. 제국의 등장이나 제국적 전쟁 같은 현상이 자유로운 다중의 활력을 통제하는 것이 근본적으로 불가능함을 역설적으로 보여주는 것이라고 그들이 생각하기 때문이다.

용산 참사를 '철거민들의 도심 테러'라고 정의하는 것은 일종의 예방 전쟁이다. 미래에 대한 공포에서 비롯한 예방 조치이다. 단지 그러한 규정만이 예방 조치가 아니라, 실제로 그 화려한 진압이 예방적 처벌이었다.

다시 처음으로 돌아가 보자. 2009년 1월 20일, 대한민국의 수도 한복판에서 일어난 사건은 과연 테러인가? 용산 참사를 '철거민들의 도심 테러'라고 정의하는 것은, 네그리와 하트의 용어를 빌리면, 일종의 예방 전쟁이다. 미래에 대한 공포에서 비롯한 예방 조치이다. 단지 그러한 규정만이 예방 조치가 아니라, 실제로 그 화려한 진압이 예방적 처벌이었다. 따라서 정부의 진압이 지나쳤다거나 진압 과정에서 인권이 무시되었다거나 하는 비판은 문제의 핵심을 비켜 간다. 그것은 실수가 아니라 오히려 의도된 것이었다.

용산에서 정부가 철거민들의 시위를 스펙터클하게 진압한 것은 '도심 테러'가 진압되는 모습의 시각화를 통해 미래의 저항과 미래의 '범죄'를 예방하려는 것이다. 그런 의미에서 용산에서의 진압 광경은 9·11 테러가 보여준 스펙터클의 역전된 형태이다. 그것은 오히려 1991년에 발발한 걸프 전쟁 때 CNN을 통해 중계된, 전자오락 게임 같은 전투 장면과 유사하고, 2001년과 2003년에 마찬가지로 대중 매체를 통해 중계된 아프가니스탄과 이라크에 대한 '스마트한' 폭격 장면과 유사하다. '테러에 대한 전쟁'의 폭력적 이미지를 매스 미디어를 통해 시각적으로 확산시킴으로써 궁극적으로 '테러'와 '범죄'를 예방하고자 한 것이다.

예방 전쟁과 예방 진압이 우리에게 알려주는 것은 체제가 대중에게 느끼는 저항에 대한 '두려움'이 그것을 '예방적으로' 진압하려는 노력으로 변환되어 나타난다는 사실이다. '예방 전쟁'은 사람들의 저항에 대해 체제가 느끼는 '공포'에서 비롯한다. 자본주의화한 전체주의 체제 속에서 사람들이 느끼는 공포가 어느 순간 다시 체제가 느끼는 공포로 바뀌는 것이다. 그리고 이 공포의 상호성이 체제가 '테러 진압'이라는 명목으로 행사하는 또 다른 '테러'로 이어진다. 용산 참사는 과연 '도심 테러'인가? 두려움에 떤 사람은 누구였을까? 간접적으로 폭력을 경험한 사람은 누구인가? 용산 참사는 과연 누구에게 공포였나? 진정 테러리스트는 누구인가?

테러와 자유

앞에서 언급한, 자퇴를 선언한 대학생은 학습된 공포, 가상의 공포를 부정했다. 청년들을 끊임없는 경쟁 속으로 몰아넣는 공포가 어쩌면 실체가 없는 것일지도 모른다는 생각, 오히려 경쟁적으로 달아나려는 우리의 노력이 그 공포를 더욱 키우고 있다는 생각을 가지고 그 공포가 강요하는 삶을 거부했다.

비행기가 추락한다. 또는 폭탄이 터진다. 건물이 무너진다. 불길이 치솟고, 연기가 자욱하다. 사람의 살점과 피가 이곳저곳에 튀어 있다. 겁에 질린 사람들이 소리를 지르며 앞다투어 달아난다. 바로 이 모습, 겁에 질려 우왕좌왕하며 흩어지는 모습, 그것이야말로 공포를 확산시키려는 세력이 바라는 것 아닌가. 원인 모를 두려움에 사로잡혀 자기 자신을 잃어버리게 되는 것, 자유를 잃어버리게 되는 것, 그것이야말로 테러리스트가 원하는 것 아닌가.

스탠리 큐브릭 감독이 젊은 시절에 만든 영화 〈스파르타쿠스〉(1960)는 매우 인상적인 마지막 장면을 담고 있다. 역사책에 몇 구절밖에 언급되지 않은 반란 노예 스파르타쿠스의 이야기를 상상력을 동원해 재구성한 영화의 마지막 장면은 다음과 같다. 최후의 전투에서 로마 군대에 패배한 노예들이 십자가형을 당하게 된다. 진압군의 사령관이 반란자들의 우두머리 스파르타쿠스가 누구인지 밝히면 목숨을 살려주겠다는데도 노예들은 너도 나도 자신이 스파르타쿠스라고 외치며 그를 보호한다. 스파르타쿠스가 누구인지 밝혀내고 싶은 크라수스 장군은 로마로 가는 길에 포로들을 하나씩 차례대로 길가에 세운 십자가에 매달도록 한다. 고통스럽게 십자가 위에서 서서히 죽어가는 동료들을 보면 스파르타쿠스 자신이 마지못해서, 또는 다른 동료들이 겁에 질려서 스파르타쿠스가 누구인지 실토할 것이라고 생각한 것이다. 그러나 스파르타쿠스와 그 동료들은 자신들의 동료가 하나씩 십자가 위에서 죽어가는 모습을 보면서도, 그래서 마음으로는 고통스러워하면서도, 결코 로마군의 테러에 굴복하지 않는다. 그들에게 반란 노예의 우두머리를 잡았다는 사실을, 그래서 이제 안심하고 발 뻗고 잘 수 있다는 사실을 확인시켜주고 싶지 않은 것이다. 맨 마지막에 로마 성문 앞에 매달린 스파르타쿠스를 마차를 타고 로마를 빠져나가는 그의 아내 바리니아가 보게 된다. 고통 속에서 죽어가는 남편을 보고 바리니아는 처음에는 충격을 받아서 놀라지만, 이내 마음을 추스르고서 남편을 자랑스럽게 바라보다가 묵묵히 길을 떠난다. 스파르타쿠스의 아이를 품에 안고서.

푸아야티에, 〈스파르타쿠스〉(1830)

테러는 어떠한 폭력의 객관적 실재에서 비롯하는 것이 아니라, 그 폭력이 파생적으로 일으키는 심리적 효과에서 비롯하는 것이다. 공포는 우리의 이성을 마비시켜 결국 우리의 자유를 빼앗는다. 우리는 우리의 정서에 작용하는 원인을 모를 때에 불안해한다. 어떤 폭력이 테러가 되는 것은 그 폭력의 원인이 감추어져 있거나 그 인과 관계가 파악되지 않아서 다음에 누가 희생자가 될지 알 수 없을 때이다. 원인을 알 수 있다면, 인과 관계를 파악할 수 있다면, 우리는 두려워하지 않을 수 있다. 그리고 두려워하지 않을 수 있다면, 이제 우리는 자신의 정서에나 타인의 정서에 긍정적으로 작용할 수 있다. 그것이 자유의 첫걸음이다.

● 개념의 연표—테러

- 기원전 6세기~기원후 4세기 | 로마, 십자가형
    공개적 신체형의 하나인 십자가형이 널리 사용됨

- 기원전 146 | 카르타고, 로마에 패하여 멸망
    로마는 정복한 땅의 일부를 본보기로 삼아 황폐화시키는 테러의 방법으로 식민지를 정복하고 지배함

- 50년대 | 갈릴리와 예루살렘, '시카리'라고 불리는 비적의 등장
    현대의 테러리스트와 유사한 비대칭적 전술을 이용해 적을 공격

- 66~70 | 유대 독립 전쟁
    로마 제국의 지배에 맞서 유대인들이 독립 전쟁을 벌임. 열심당 세력은 게릴라 전술을 이용해 로마군과 전투

- 11~13세기 | 페르시아 등지, 이슬람 암살단 '핫샤쉰' 활동
    영어의 '어새신'의 기원이 됨

- 1524 | 독일, 농민 전쟁 발발
    두려워하지 않는 대중에게 공포를 느낀 루터와 독일 귀족들은 농민들의 반란을 강경 진압

- 1532 | 니콜로 마키아벨리의 《군주론》
    공포를 이용해 질서를 유지할 것을 군주에게 조언, 그러나 결코 인민이 증오하는 대상이 되어서는 안 된다고 첨언

- 1677 | 스피노자의 《에티카》
    "두려워하지 않는 대중은 공포가 된다" 대중의 공포에 대해 성찰

- 1757 | 에드먼드 버크의 《숭고와 아름다움의 이념의 기원에 대한 철학적 탐구》
    공포를 숭고의 지배적 원리로 제시

- 1789 | 프랑스, 혁명 발발
    왕과 특권 계층의 음모에 커다란 공포를 느꼈던 대중이 이윽고 분노하여 바스티유 감옥을 점거하고 구체제를 몰락시킴

- 1793~1794 | 프랑스, 자코뱅파의 독재
    로베스피에르가 주도한 공포 통치를 '테러'라고 부름

- 1794~1795 | 로베스피에르 처형
    혁명 정부가 해체되자 각지에서 왕당파에 의한 '백색 테러'가 자행됨

- **1795 | 영국, 보수주의의 아버지 에드먼드 버크의 발언**
  에드먼드 버크가 프랑스의 상황을 두고 "테러리스트라고 불리는 수천 마리의 지옥의 개들이 풀려나 사람들 사이를 활보하고 있다"라고 표현

- **1808 | 스페인, 게리야 발발**
  나폴레옹의 스페인 정복에 저항해 주민들의 '작은 전쟁'이 일어남. 게릴라 전쟁에서 테러는 어디까지나 전술적 요소로서 그 범위와 강도가 제한됨

- **1909년 10월 | 중국, 이토 히로부미 암살**
  안중근 의사가 하얼빈 역에서 일본 정치인 이토 히로부미 저격

- **1919 | 카우츠키의 《테러리즘과 공산주의》**
  러시아 사회주의 정부의 테러리즘을 비판

- **1919 | 트로츠키의 《테러리즘과 공산주의》**
  카우츠키를 비판하면서 볼셰비키의 적색 테러를 정당화

- **1930~1940년대 | 전체주의 체제 등장**
  독일, 이탈리아, 소련에서 테러를 지배 원리로 삼는 전체주의 체제 등장

- **1940 | 멕시코, 트로츠키 암살**
  스탈린이 정적을 제거하기 위해 사주한 것으로 간주됨

- **1947 | 한국, 여운형 암살**
  정치인 여운형이 우익 청년에 의해 암살당함

- **1949 | 한국, 김구 암살**
  일본 요인 암살을 주도한 임시정부 주석 김구가 정적에 의해 암살당함. 암살범 안두희를 사주한 사람이 누구인지는 끝내 밝혀지지 않음

- **1960년대 말~1970년대 초 | 적군파 등장**
  서유럽과 일본에서 적군파가 결성되고, 극좌파의 테러리즘이 기승을 부림

- **1968년 7월 | 알제리, '팔레스타인 해방을 위한 인민전선'이 이스라엘 항공기를 납치**
  이 사건 이후 항공사들이 테러 집단에게 일종의 보호세를 납부하기 시작

- **1975 | 미셸 푸코의 《감시와 처벌》**
  공개적 신체형에 테러의 원리가 숨어 있음을 보여줌

- **1979 | 아프가니스탄, 반소 지하드 조직**
  소련의 아프가니스탄 침공에 맞서 반소 지하드(성전)가 조직되었으며, 이 지하드에 참가한 전사들의 명단이 빈 라덴에 의해 작성되어 훗날 국제 테러리스트 네트워크 '알 카이다'의 기반이 됨

- **1988년 12월 | 영국, 로커비 테러 사건**
  항공기 납치 폭파 사건으로 21개국 승객 250여 명이 사망

- **2001년 9월 11일 | 미국, 9·11 테러**
  미국의 군사적·경제적 힘을 상징하는 두 건물에 대한 테러 공격이 보여준 폭력의 스펙터클은 21세기 미디어 시대의 테러를 대표

- **2001년 9월 16일 | 미국, 테러와의 전쟁**
  조지 W. 부시 대통령이 '테러와의 전쟁' 선언

- **2001년 10월 | 미국, 아프가니스탄 전쟁 개시**
  비영토적 테러 네트워크에 맞선 지난한 영토적 전쟁의 시작

- **2002년 10월 | 인도네시아, 나이트클럽 폭탄 테러**
  관광지 발리의 한 나이트클럽에서 발생한 폭탄 테러로 인명 피해는 물론 막대한 경제적 손실 발생

- **2002년 10월 | 러시아, 체첸분리독립주의자들이 모스크바의 극장 점거**
  '검은 미망인'이라고 불리는 여성 테러리스트의 존재가 널리 알려짐

- **2003년 3월 | 미국, 이라크 전쟁 개시**
  전쟁의 빌미가 된 대량 살상 무기는 결국 발견되지 않음

- **2004 | 이라크, 한국인 김선일 피랍·살해**
  미군 군납 업체에서 통역사로 근무하던 한국인 김선일이 무장 단체에 납치되어 살해당함

- **2005 | 팔레스타인, 영화 〈천국을 향하여〉**
  자살 테러리스트의 사연과 심리를 세밀하게 묘사

- **2007 | 아프가니스탄, 탈리반의 한국인 납치 사건**
  한국인 스물세 명이 탈리반 세력에게 납치되어 그중 두 명이 살해당함

- **2009년 1월 | 한국, 용산 참사 발생**
  강제 철거에 맞선 저항 과정에서 화재가 발생해 다섯 명의 주민과 한 명의 경찰 특공대 사망. 일부 정치인이 이를 철거민의 '도심 테러'라고 규정

- **2010년 3월 | 한국, 천안함 침몰로 장병 46명 사망**
  원인 불명의 이 사건을 정부는 북한의 소행으로 규정했고, 일부 세력은 북한의 테러 공격이라고 주장. 이 사건을 이용해 진정 공포를 확산시킨 세력은 누구였는지, 진짜 '테러리스트'는 누구인지 성찰하게 함

'비타 악티바'는 '실천하는 삶'이라는 뜻의 라틴어입니다. 사회의 역사와 조응해온 개념의 역사를 살펴봄으로써 우리의 주체적인 삶과 실천의 방향을 모색하고자 합니다.

비타 악티바 19

테러

초판 1쇄 발행 2010년 7월 30일
초판 2쇄 발행 2024년 2월 5일

지은이 공진성

펴낸이 김준성
펴낸곳 책세상
등록 1975년 5월 21일 제2017-000226호
주소 서울시 마포구 동교로 23길 27, 3층(03992)
전화 02-704-1251
팩스 02-719-1258
이메일 editor@chaeksesang.com
광고·제휴 문의 creator@chaeksesang.com
홈페이지 chaeksesang.com
페이스북 /chaeksesang **트위터** @chaeksesang
인스타그램 @chaeksesang **네이버포스트** bkworldpub

ISBN 978-89-7013-773-5 04300
     978-89-7013-700-1 (세트)

ⓒ 공진성, 2010

• 잘못되거나 파손된 책은 구입하신 서점에서 교환해드립니다.
• 책값은 뒤표지에 있습니다.